榜样｜**影响时代的力量**

每一个
值得我们追
条坚实的路
的航标。

王志艳⊙编著

告诉你一个
杜 甫 的故事

天津出版传媒集团

天津人民出版社

图书在版编目（CIP）数据

告诉你一个杜甫的故事 / 王志艳编著 . -- 天津：
天津人民出版社, 2013.1（2018.10 重印）
（巅峰阅读文库 . 榜样：影响时代的力量）
ISBN 978-7-201-07841-0

Ⅰ.①告… Ⅱ.①王… Ⅲ.①杜甫（712 ~ 770）—生
平事迹—通俗读物 Ⅳ.① K825.6-49

中国版本图书馆 CIP 数据核字 (2012) 第 303232 号

告诉你一个杜甫的故事
GAOSU NI YIGE DUFU DE GUSHI

出　　版　天津人民出版社
出 版 人　黄　沛
地　　址　天津市和平区西康路 35 号康岳大厦
邮政编码　300051
邮购电话　（022）23332469
网　　址　http://www.tjrmcbs.com
电子信箱　tjrmcbs@126.com

责任编辑　李　荣
装帧设计　映象视觉

制版印刷　永清县晔盛亚胶印有限公司
经　　销　新华书店
开　　本　690×960 毫米　1/16
印　　张　10
字　　数　100 千字
版次印次　2013 年 1 月第 1 版　2018 年 10 月第 3 次印刷
定　　价　29.80 元

前 言

　　历史发展的每一个阶段，都有值得我们追随、激励我们奋进的榜样。他们或以其深邃的思想推动了世界文明的进步，或以其叱咤风云的政治生涯影响了历史的进程，或以其在自然科学领域中的巨大成就造福于人类……

　　因为有了他们，历史的车轮才会不断前行；因为有了他们，历史的内容才会愈加精彩。他们已经成为历史长河的坐标，引领着我们走向更加深邃的精神世界和更加精彩的物质世界。今天，当我们站在一个新的纪元回眸过去的时候，我们不能不提起他们的名字，因为是他们改变了世界，改变了人类社会的发展格局。了解他们的生平、经历、思想、智慧以及他们的人格魅力，也必然会对我们的人生产生重大的影响。

　　为了能够了解并记住这些为人类历史发展作出过巨大贡献的人物，经过长时间的遴选，我们精选出60位最具时代性、最具影响力、最具代表性的人物，编写成这套《榜样：影响时代的力量》丛书，期望通过这套青少年乐于、易于接受的传记体裁的丛书，对青少年读者的成长产生潜移默化的影响，使他们能够从中汲取有益的精神元素，立志成才，为祖国、为人类作出自己的贡献。

　　本套丛书写作角度新颖，它不是简单地堆砌有关名人的材料，而是精选了他们人生中富有代表性的事件和故事，以点带面，从而折射出他们充满传奇的人生经历和各具特点的鲜明个性。通过阅读本套丛书，我们不仅要了解他们的生活经历，更要了解他们的奋斗历程，以及学习他们在面对困难、失败和挫折时所表现出来的杰出品质。

　　此外，书中还穿插了许多与这些著名人物相关的小知识、小故事等。这些内容语言简洁，可读性强，既能开阔青少年的阅读视野，又可作为青少年读者学习中的课外积累和写作素材。

　　我们相信，这是一套能令青少年读者喜爱的传记丛书。通过阅读本套丛书，我们也能够真切地了解到这些伟大人物对一个、乃至几个时代所产生的重大影响。

　　现在，就让我们一起翻开这些杰出人士的人生故事，走进他们生活的时代，洞悉他们的内心世界，与这些先贤们"促膝谈心"，让他们帮助我们洞察人生，鼓舞我们磨炼心志，激励我们永远奋进，走向成功！

导 言

　　杜甫（712—770），字子美，号少陵野老，一号杜陵野老、杜陵布衣。唐代现实主义诗人，其诗以社会写实著称。与李白合称为"李杜"。为与另外两位诗人李商隐与杜牧即"小李杜"相区别，杜甫与李白又合称为"大李杜"。虽然在世时名声并不显赫，但在其身后，杜甫的作品最终对中国文学和日本文学产生了深远的影响。杜甫一生共留下1500多首诗歌，其作品集称为《杜工部集》。他在中国古典诗歌中的影响非常深远，被后人称为"诗圣"，其诗也被称为"诗史"。

　　杜甫生于河南巩县（今河南省巩义市），自幼聪颖好学，知识渊博，颇具政治抱负，十四五岁时便显露出非凡的文学才能。从20岁起，杜甫便漫游全国各地，为他日后的诗歌创作打下了良好的基础。

　　35岁时，为实现自己的政治抱负，杜甫来到当时的京城长安（今陕西省西安市），但奔走求官未果，政治理想找不到出路，生活日渐陷入穷困。在这期间，他创作了《兵车行》《丽人行》等批评时政、嘲讽权贵的诗篇。而《自京赴奉先县咏怀五百字》尤为著名，标志着杜甫在经历10年长安困苦生活后，反对朝廷政治、对社会现实的认识达到了新的高度。

　　天宝十四年（755年），安史之乱爆发，杜甫由此也看到了国家由盛转衰的急剧变化，并经历了仕途坎坷、饥寒跋涉的痛苦生活。面对混乱的长安，他写成了《月夜》《春望》《哀江头》等诗。后潜逃到凤翔行在，被授予左拾遗，后因忠言直谏，上疏为宰相房琯求情而被贬为华州司功参军。其后，他开始用诗歌记录自己的亲身体验，广泛、深刻地反映那个时代和社会的面貌，表达自己忧国忧民的真实情感。

　　48岁时，杜甫弃官，此后多次携家人逃难，路经秦州、同谷等地，到达成都，并建立成都草堂，在那里度过了一段比较安宁的生活。此后各地叛乱不断，杜甫再次四处漂泊，曾寓居夔州，后又漂流到湖北、湖南一带，最终病逝在湘江舟中。在这期间，他的主要作品有《春夜喜雨》《茅屋为秋风所破歌》《登楼》

《蜀相》《闻官军收河南河北》《登高》《秋兴八首》《岁晏行》等千余首诗，占全部杜诗的百分之七十以上，深刻地反映了唐代安史之乱前后20年的社会面貌。

杜甫的诗充分表达了他对人民的深刻同情，揭露了封建社会剥削者与被剥削者之间的尖锐对立："朱门酒肉臭，路有冻死骨！"这千古不朽的诗句被世代中国人所铭记。"济时敢爱死，寂寞壮心惊！"是杜甫对祖国无比热爱的充分展示，这一点也令杜甫的诗歌具有了很高的人民性。

本书从杜甫的儿时生活写起，一直写到他所创作的大量流传千古的著名诗篇，再现了这位中国古代伟大诗人坎坷、波折的一生，旨在让广大青少年朋友了解这位唐代现实主义诗人不平凡的人生经历，并从中学习他那种在面对困难和挫折时，始终都能以积极的入世精神，勇敢、忠实、深刻地反映社会现实的崇高品格，以及他那种遭遇磨难后一直都未曾动摇过的爱国主义精神，同时也可以对他的诗歌进行全面的认识和评价。

告诉你一个杜甫的故事/目录

contents

第一章　坎坷童年　/1

第二章　十年漫游　/7

第三章　结识李白　/17

第四章　困守长安　/25

第五章　功名难成　/37

第六章　携家流亡　/44

第七章　长安春望　/53

第八章　官场失利　/60

第九章　被贬华州　/68

第十章　弃官赴秦　/77

Du Fu

Contents

目 录

第十一章　成都草堂　/85

第十二章　幕府生活　/93

第十三章　夔州孤城　/100

第十四章　瀼西草堂　/112

第十五章　失望江陵　/120

第十六章　老病孤舟　/130

第十七章　凤落沅湘　/139

杜甫生平大事年表　/150

712—770

第一章　坎坷童年

露从今夜白，月是故乡明。

——杜甫

（一）

河南省巩县城东两里的瑶湾，虽然位于僻处乡野，但有山有水，村后是绿树掩映的崇山峻岭，村前是不停流淌的泗水与洛河。风景清秀，野趣盎然。唐玄宗先天元年（712年），杜甫就出生在这里。

杜甫是晋代名将杜预（222—284）的第十三代子孙。杜预是京兆杜陵人，不仅精通政治、经济、天文、律法、算术等各种具体学问，还精通军事战略。他在削平东吴、统一西晋的战争中表现出了过人的谋略，战功卓著，是对那场战争取得胜利举足轻重的人物。此后，杜预又对开发两湖流域的经济生产作出了独特的贡献，最后被封为当阳侯（今湖北当阳）。

同时，杜预又是一个学者型的官宦，文字功夫颇深，曾经注解过代表儒家历史观念的《春秋》一书，表明了他对儒家经典学术和思想认同的热情。

这样一位集武功、政绩乃至学术于一身且位至台辅的元祖，完美地体现了后代杜甫心目中"奉儒守官"的理想境界。日后，杜甫就以这位先祖为自己建立人生理想的楷模。

杜预的小儿子杜耽日后成为晋凉州（甘肃武威）刺史。杜耽的孙子杜逊在东晋初年南迁到襄阳，任魏兴（陕西安康西北）太守。他也成为襄阳杜氏的始祖。

杜逊的儿子乾光的玄孙杜叔毗为北周硖州（湖北宜昌西北）刺史，其子鱼石在隋时为获嘉（在河南省）县令。在此期间，鱼石迁居到河南巩县。

杜鱼石的孙子杜审言就是杜甫的祖父。杜审言虽然没有像杜预那样位至台辅，在功名事业上作出一番过人的功绩，只做了一个膳部员外郎，死后追赠著作郎，为五品官，但其文采风流，名噪一时，曾得到过一代女皇武则天的赏识，是武则天时代相当有名的文人。

少年时期，杜审言就善写骈俪之文，与李峤、崔融、苏味道合称为"文章四友"。在诗歌创作上，杜审言又与沈佺期、宋之问一起，对近体律诗，特别是五律的体式成熟作出过重要的贡献。

如果说，杜预是作为一个完美的人格榜样使杜甫深深钦服，并因此建立起自己人生理想的，那么可以说，由于现实生活并没有给他以实现政治思想的机缘，他是作为一代诗人扬名世间的。所以说，杜甫受到祖父的文学影响更为直接。

同时，杜甫对祖父的诗歌成就也相当重视。他曾在诗中说：

"诗是吾家事，吾祖诗冠古。"

由此可见，杜甫十分自豪地以诗歌创作作为了自己的家学传统。而这一点，也无疑会激发他创作诗歌的热情和取得卓越成就的勇气。

与以上两位对杜甫影响至深的先祖相比，杜甫的父亲似乎已有些维系不住这种辉煌的家声了。杜甫的父亲名叫杜闲，曾作过朝议大夫、兖州司马，官至奉天县令（陕西乾县）。

杜甫的母亲崔氏虽然出身于清河望族，但在杜甫年幼时便已去世，甚至连名字都湮没了。以至于后来有人根据杜甫在成都生活数年，诗中遍题川中风物——对黄四娘家的溪边繁华都曾留诗，但对闻名于世的成都西府海棠却未置一词，来推测其母亲可能名为"海棠"，且出身低微，而杜甫是在有意避讳。

这种捕风捉影的说法虽然已被人反驳,但也表明,到杜甫出生时,他的家庭虽然还享有"生常免租税,名不隶征伐"的世家特权,但世家的风采已经黯然无光了。

(二)

712年2月12日,杜甫出生于河南巩县的瑶湾。这时,他的父亲杜闲已经过了30岁。杜甫在家中排行第二,他曾有个哥哥,但幼年夭折了。另外,他还有4个弟弟:杜颖、杜观、杜占和杜丰,以及一个妹妹,后来远嫁钟离(今安徽凤阳)韦氏。这4个弟弟和一个妹妹都是继母卢氏所生。因为在杜甫出生后几年,他的母亲就病逝了。

由于幼年丧母,父亲又在外地做官,杜甫很小便被寄养在东都洛阳的二姑母家。二姑母对杜甫关怀备至,使幼年的小杜甫得到了极为细心的关怀。

有一年,杜甫和二姑母的儿子同时染上了流行性传染病,姑母请来女巫禳灾。女巫告诉她说,在她家房柱子的东南角睡觉是吉利的。于是,姑母就把本来属于亲生儿子的东南角床位让给了杜甫。

结果很凑巧,正像女巫所预言的那样,小杜甫果然在东南角的床位上一天天好了起来,而姑母的儿子却不幸死去了。

虽然女巫的话是迷信的,杜甫的那位表兄弟夭折很可能是因体质不敌病魔所致,但也不排除两个孩子同时生病时,姑母将更多的关怀给了杜甫,结果耽误了自己儿子的病情。

这件事发生在杜甫还不记事的幼年时期。后来,杜甫得知姑母的这种舍己为人的义举后,十分感动,为已逝的姑母写了一篇情意深长的墓志。

的确,这位当母亲的称得上深情而又忍情。她挽救了兄弟孩子的性命,使年幼的杜甫度过一劫,却不幸失去了自己的孩子。对她来说,除了考虑到杜氏家族血脉的延续,一个没娘的病孩子本身也一定能唤起她更多的怜悯和爱心吧。

在二姑母家中居住了一段时间后，杜甫便又回到瑶湾自己家中。童年在一个孩子的感觉中是漫长的，姑母短期的爱抚怎么能弥补一个孩子因缺乏母爱而丧失的安全感和幸福感呢？

据史书记载，杜甫性格急躁褊狭，比较固执，这可能正是由于他童年时期失却母爱所致。幸好他在早期教育中所接受的儒家思想挽救了他的心灵，让他没有因此失却对人的亲善之情和对天下的关怀。

总之，母亲的早逝让杜甫度过了一个缺乏母爱、童心无依的早年。而父亲又常年在外做官，使他连父亲的关怀也难以体验到。虽然父亲后来又娶了妻子，杜甫也有了弟弟妹妹，但那离他的童年已经有些时间了。在最需要关怀的童年时代，这个体质虚弱、常常患病的孩子，忍受着感情上的严重匮乏，在寻找慰藉和压抑自我的精神矛盾当中，渐渐学会了以理智的态度约束自己的烂漫情感。简而言之，这样坎坷的童年，让这位敏感的孩子的精神提前成熟了。

（三）

杜甫出生的时代，正是一个充满激情与进取的时代，整个唐朝正处于上升的时期。广远的疆域，繁荣的经济，强盛的国力，使人们都有着强烈的自豪感和自信心。奔逐大漠，封侯万里，寻求冒险和刺激，成为许多青年人的生活目标。

在杜甫出生的这一年，唐玄宗正式登基，开始了中国历史上著名的"开元盛世"，唐朝的发展也进入到一个鼎盛时期。杜甫正是在这样一种氛围当中逐渐成长起来的。

这一时期，整个国家和社会都敞开胸怀，对外开放，重视吸纳少数民族和国外的优秀文化来丰富和充实本国文化。许多中亚、西亚和南亚的商人、艺术家、僧人等纷纷来到长安和洛阳，在这里做生意或生活。一些来自国外的音乐舞蹈也不时在各地演出，外国艺术家的绘画雕像在很多寺院中都能看到。无论是他们的音乐舞蹈，还是绘画雕塑，都充满了旺盛的生命力和鲜明的异国情调，为人们展示了一个魅力无穷的新天地。

6岁时的一天，杜甫在郾城街上观看了公孙大娘表演的《剑器浑脱》。这是由《剑器舞》和《浑脱舞》结合而成的舞蹈，来自西域，是属于力量型的舞蹈。

公孙大娘的表演当时轰动了整个郾城，观者众多，人山人海。6岁的小杜甫也挤在人群中，目睹了这一激动人心的场景。

杜甫紧张而又如痴如醉地观看着，视线随着公孙大娘的动作一下飘飞起来，一下又落了下去。公孙大娘舞动着的剑闪动着耀眼的光芒，舞姿矫健多变。向前时，剑光如闪电；终了时，又干净利落地收住剑，但剑光仍然如静止不动的江海一般，泛着幽清的光亮。

公孙大娘惊心动魄的舞蹈激发了童年时期杜甫的想象力和豪情壮志。以致在50年后，杜甫还能清晰地记得公孙大娘舞蹈的每一个细节。

杜甫很早就开始读书写字了。7岁那年，他已经开始学习作诗，第一首诗是歌颂凤凰的。在我国古代，凤凰是吉祥、光明、高贵的象征，被认为是百鸟之王。在杜甫以后的诗中，有六七十处都写到了凤凰，有时他还把自己比作是凤凰，以表示对光明美好、超凡脱俗的高贵品性的向往。

9岁时，杜甫又开始练习写大字，临摹虞世南的书法。他写的大字纸稿积累了许多，甚至装满了几袋子。

少年时代的杜甫不断读书、思考和写诗，他读过《诗经》《楚辞》《文选》等古代作品，读过屈原、宋玉、司马相如、扬雄、曹植、陶渊明、谢灵运、鲍照、虞信和"初唐四杰"等人的诗，对自己祖父杜审言的作品更是烂熟于心。少年时期的"读书破万卷"，无疑为他日后的"下笔如有神"打下了扎实的基础。

杜甫渐渐长大，身体也逐渐强壮起来，精神世界也不断丰富。到十四五岁时，他的身体也变得更加健康。后来，他曾在自己写的诗《百忧集行》时回忆起那时的情景：

忆年十五心尚孩，健如黄犊走复来。

庭前八月梨枣熟，一日上树能千回。

少年的杜甫充满了活力，但心理上仍是一个贪玩的孩子。每次看到成熟的梨树、枣树上累累果实挂满枝头时，都忍不住要上树去摘果子。

这个时期，杜甫也开始与洛阳的文人有了来往，他的诗歌和文章也开始引起人们的注意。当时的文人崔尚、魏启心等人都对杜甫十分赞赏，认为杜甫的文章可以比得上汉代的班固和杨雄了。

而少年时期的杜甫也满怀豪情。他的《壮游》诗中曾说，自己在少年时，"性豪业嗜酒，嫉恶怀刚肠。脱略小时辈，结交皆老苍。饮酣视八极，俗物多茫茫。"

对于杜甫来说，家乡巩县已经太小了，外面更加广阔的世界在吸引着他去闯荡。

→ **杜甫困守京华之际，生活异常艰辛，往往是"残杯与冷炙，到处潜悲辛"。一天早晨，杜甫喝下两天前的剩粥，不久便呕吐不止，腹部剧痛难耐。但他蜗居茅屋，身无分文，根本无钱求医买药。这时，一位白发老翁刚好路过这里，见此情景，十分同情杜甫，便找来一把白色柔毛的野草，将其熬汤后让杜甫服下。杜甫服完后，病痛慢慢消除，数日之后痊愈。因"自怜白头无人问，怜人乃为白头翁"，杜甫就将这种救了他的命的草取名为"白头翁"，以表达对那位白发老翁的感激之情。**

第二章　十年漫游

丹青不知老将至，富贵于我如浮云。

——杜甫

（一）

瑶湾位于巩县的城南，巩县离洛阳百余里路，瑶湾到洛阳也就两天的路程。如果骑马或乘车，还会走得更快。

经过严格的教育，诗文根基已成、自信而又友好的杜甫现在已经十四五岁了，他离开瑶湾，来到洛阳，像那个时代其他年轻人一样，尝试了他人生中的第一次游历。这次游历主要在开元十四年到开元十八年间。

洛阳是一个历史名城，有不少名胜古迹。它既是交通要冲，也是军事重镇，在盛唐时代以前，作为唐王朝的东都，它甚至比国都长安更加繁华富庶。因为这里是个水路都会，有着得天独厚的经济地理优势，当时的许多王公贵族都在这里建有宅邸。

杜甫的游历不仅是对洛阳胜迹的观赏，更是为自己的前途去结交名人，以自己的诗才和个性赢得他们的赏识。这种游览天下名胜、遍交天下名流的风气，是唐代尤其是盛唐时代文人圈中的普遍风气，也是士子们普遍的生存方式。

杜甫的交游虽然时断时续，但很有特点。有时他会回瑶湾休息，当自家房前的梨树、枣树的果实在秋阳中成熟时，15岁的杜甫依然受到深深的诱惑，几番爬上树摘果子吃，欢喜得像个孩子。

而当离开瑶湾去洛阳后，交际场上的杜甫又会表现得像个才华横溢的青年。此时的杜甫的确还处于少年与青年的过渡阶段，但在交游过程中，他的兴趣并不像其他年轻人一样，只停留在同辈身上，而是落在比他大许多的长辈身上。这与他童年时期的处境导致的精神早熟及由此形成的远远强于通常少年的心理感应力关系巨大。

在杜甫看来，同辈的少年已经及不上他的成长步履，不能满足他的精神需要了。而与前辈的交往，又进一步引导他的精神世界走向更深的成熟。

杜甫在洛阳结交的名流有崔尚、魏启心等。崔尚在杜甫出生前的11年就已经中了进士，魏启心也在杜甫出生前5年中了进士。两人都比杜甫年长二三十岁，而且当时已经做了州刺史。以这样的身份和地位，肯与杜甫这样的少年打交道，的确是不同寻常的。

杜甫是凭借自己的实力，即文学创作能力和豪宕不羁的性格，获得交游成功的，崔尚和魏启心等前辈居然将他比成是汉代的古文家、历史学家班固和辞赋大家扬雄。这其中固然不乏他们奖掖后辈的心理，但杜甫此时的确已经值得他们这样夸奖了。无论是知识、才学，还是性格，都预示着这是一个有着无限潜力和光明前景的少年。

这个时候的杜甫，虽然还没有达到"下笔如有神"的创作自由状态，但其学问功力已初露端倪，创作水平也在洛阳文坛上崭露头角了。一切都在向他预示着，这是一个良好的开端。虽然还没有完全进入青年时代，但因交往的都是前辈长者，杜甫在成人的环境中长期濡染，不免也提前使自己学会了成人的举止，开始像模像样地饮酒，去欣赏富贵人家举办的歌舞盛会，模仿成年人的作为来挥洒自己的一腔豪气。

在饮酒到酣畅时，杜甫就会忘却自己处于前辈中间，而不免昂首向天，顾视茫茫八荒，觉得天地间能像自己这样卓尔不凡的人物实在太少，世间多是浑浊的俗物，不值一顾。

不过，这个刚直率性、不拘形迹的少年不仅没有因此而失去他的社交圈子，反而还得到了长辈们的鼓励、赞誉和接纳。不仅崔尚、魏启心是这样的态度，就连杜甫初上洛阳去拜谒亲王李范、殿中监崔涤等，他们也都以接纳的态度来对待他。

李范是唐睿宗的四公子，崔尚是唐玄宗身旁的红人，他们是当时真正的贵者。据史书记载，李范有文学气质，爱好结交文章之士，无论贵贱，都能以礼相待；而崔尚是个智辩之人。他们肯结交年少的杜甫，自然因为这个少年是真正出色的。不然，他们也不会几次邀请他参与作客的文士行列之中。

而且，如果他们不能赏识杜甫，杜甫也不会在他们去世以后多年写下《江南逢李龟年》这样感慨莫名的诗来：

> 岐王宅里寻常见，崔九堂前几度闻。
> 正是江南好风景，落花时节又逢君。

这首诗还牵涉到另一个著名的人物，他就是当时与公孙大娘一样著名的梨园弟子李龟年。李龟年的歌舞表演十分出色，不但是当时朝野喜闻乐见的音乐家，在后代也为人们所熟知。杜甫在李范和崔尚的洛阳华宅中一面饮酒或赋诗，一面欣赏着李龟年那不同凡响的演唱，深深沉醉其中。虽然此后不久李范和崔尚便先后去世了，但杜甫在洛阳的交游仍在继续。

人们对这位才华出众的少年都表示出明显的好感，杜甫的声誉也随着他那些文章、诗赋而一天天提高。他那独立不羁而又热心热性的个性，也渐渐为人们所承认。以至于当时的性格名人、书法名家李邕也在等待着与他相识，而如流星划过诗坛、写下了"葡萄美酒夜光杯"这样不朽诗歌的王翰也希望成为他的邻居。

人生竟然一下子变得如此顺意，前途看起来一片光明，童年时期的那些阴霾也一扫而光,这个热切的少年满怀信心地望向自己的未来。而这个美好的过渡期也渐渐结束,杜甫的青年时代正迎面走来。

(二)

少年时代的游历,只不过是人生开端的一段尝试,没有对杜甫的未来发生太大的影响。因为他那时的年龄太小,而李范、崔涤又死得过早,没有来得及对他的前途施与援助。

开元十八年(730年)时,杜甫就曾北渡黄河,到了郇瑕(在山西)。在这里,他停留的时间很短,不能算是漫游的真正开始。那一年,洛水泛滥成灾,冲毁了洛阳的天津桥、永济桥,沉溺了许多扬州等地开来的租船,千余户居民的住房也都倒塌了。杜甫前往郇瑕,可能是为了躲避水灾。

杜甫离开故乡的真正漫游是从20岁开始的,也就是在唐玄宗开元十九年(731年)。从这年开始,杜甫开始了他历时4年的吴越之游。杜甫后来在成都回忆时,以《忆昔》一诗表达了当时的情景:

> 忆昔开元全盛日,小邑犹藏万家室。
>
> 稻米流脂粟米白,公私仓廪俱丰实。
>
> 九州道路无豺虎,远行不劳吉日出。
>
> 齐纨鲁缟车班班,男耕女桑不相失。

之所以选择吴越,即以江南一带作为自己的漫游之地,是因为杜甫有个姑父在江苏常熟担任主簿,还有个叔父杜登在浙江武康做县尉。更重要的是,江南是六朝故地,六朝时期的谢灵运、陶渊明、鲍照、谢朓、阴铿、何逊等诗人的生活和创作活动都主要集中在江南一带。这些诗人的作品对杜甫早期的诗歌创作曾产生过很大的影响。他们的作品中写到的江南秀美的山水和各种动人的故事，对杜甫有着强大的吸引力。

就这样，开元十九年，杜甫从家乡巩县出发，乘船从洛阳水路沿大运河南下，渡过长江之后，从京口（今江苏镇江）转道西行，到达苏州、绍兴等地。

后来，杜甫在《壮游》一诗中记述了这段漫游经历：东游吴越，到了苏州的姑苏台。本来已经准备航海东游，到遥远的扶桑（今日本）一游，但未能如愿成行，后来他一直都引为遗憾。

在苏州，杜甫凭吊了姑苏台、吴王阖闾的陵墓。这些古迹都已经荒芜了。400多年前东晋的王谢风流都已使人感到十分遥远，何况更为久远的春秋战国的吴越时期呢！

吴越一带的古迹遗闻实在太多，卧薪尝胆、枕戈待旦的越王勾践，南渡浙江、游历会稽（今绍兴）的秦始皇，将匕首藏在鱼腹中、刺杀吴王僚的侠士专诸等流传已久的名人事迹，在这些地方都可以捕捉到它们的踪影。还有那容貌秀丽、肤色白皙的江南女子，炎热夏天里却依然凉爽宜人的鉴湖之水，处处都令人难忘，处处都可以引起诗人的感怀。

这次漫游，杜甫还到过金陵（今江苏南京）。杜甫是怀着一种期盼的心情踏上金陵这块土地的，在古迹众多的金陵城中呼吸着新鲜的南国情味。当然，最令他快意的，是能够在淮河附近的瓦棺寺游览，因为那里完好地保存着东晋大画家顾恺之所绘的佛菩萨维摩诘的壁画。

这幅壁画十分生动神妙，在引发杜甫如饥似渴的审美快感之后，也引发了他无法追随顾恺之的深切遗憾。这一次观画，在杜甫精神上引起的震动非语言所能形容。它再一次向杜甫打开了一个诗歌之外的审美世界，发掘了他更加广泛的兴趣和更加多面的美感能力。

27年之后，当杜甫的一位许姓同僚（当年与他一起观画的友人）回故乡金陵去探亲时，杜甫还向他提起年轻时所见到的那幅画，称自己念念不忘那幅画上的无限神妙。

可想而知，童年时期观看公孙大娘天下第一的剑器舞，少年时期欣赏李龟年那享誉天下的歌唱，青年时期接触到顾恺之那第一流的绘画佳作，这些从古到今不同艺术样式的最杰出形态，在给予杜甫最深刻、最动人的艺术感受的同时，也会触动他那灵性的根苗，使他的诗歌艺术达到成熟，而他的思想也逐渐向着更加深邃的空间延伸。

告别金陵后，杜甫又继续向东而去，经镇江、常州、无锡，来到了曾经是吴越都城的古老的姑苏（今江苏苏州）。这块由吴王阖闾、夫差经营过的土地，为美人西施的木屐踏破的土地，有着太多的浪漫传说和历史遗迹。对喜爱幻想的诗人来说，这里简直有着难以抗拒的吸引力。

这次畅意的吴越之游长达三四年之久。途中那卓越的自然和人文景观，大大地开阔了杜甫的视野，充实了他的审美仓储，也引发了他更多的诗性。

开元二十三年（735年），为了参加进士考试，杜甫才结束此次江南游历，乘船回到故乡巩县。这一年他24岁。

此后，杜甫再也没有重到江南，但后来无论到什么地方，他都经常思念吴越的"胜事"，并也有过到江淮一带居住的打算。最明显的，就是他在夔州时送给一个胡商的诗中写道：

> 商胡离别下扬州，忆上西陵故驿楼。
>
> 为问淮南米贵贱，老夫乘兴欲东流。

——《解闷十二首之二》

（三）

从理论上来说，古代科举考试的大门是向所有读书人敞开着的，但实际并非如此。唐代时期的科举考试在环节上有很多弊端，比如不把考卷上的姓名隐去，使主考官在阅卷和录取时容易作弊。

而"通榜"的做法更容易产生弊端。"通榜"是唐代科举中公开采用的一种辅助性做法，即在考试之前，主考官就在社会上了解考生的声望才德，制成"榜帖"。榜帖就是名单，以供录取时参考。有时主考官还派专人进行这种活动，叫做"通榜帖"，简称"通榜"。

在通榜过程中，达官贵族、社会名流的评价对主考官录取与否往往起着决定性作用。有时考试还未进行，主考官们就已经根据榜帖内定了录取名单和排名次序。

这种风气的存在，也使得考生们在考前就要接触一些达官贵人和社会名流。因此，在考试之前，考生们往往也要多方奔走，结交主考或权贵，投献自己比较得意的诗文，以求得到推荐。

但是，杜甫似乎没有得到任何达官贵人的推荐。他自己则满怀信心，认为凭借自己的实力完全可以轻松取得进士。

这次考试与往常不一样，没在长安进行，而是改在了洛阳进行。因为那几年长安的雨水太多，唐玄宗住不惯，便带着文武百官迁居洛阳。杜甫虽然满怀信心地参加了考试，但在被录取的27名进士中，他并没有找到自己的名字。杜甫的文章写得虽好，但却偏偏不合主考官的胃口，结果他落榜了。

对于这次落榜，杜甫并不太在意。他还年轻，才华和学问还能继续长进，况且无拘无束的漫游生活那么有吸引力。因此，进士落第对那时的杜甫来说并不算什么打击。

在洛阳逗留不久，杜甫便再次启程，开始他的第二次漫游。后来，他曾用两句诗形容了他这一次漫游的情形：

放荡齐赵间，裘马颇清狂。

——《壮游》

开元二十四年（736年）的春天，杜甫从洛阳乘船出发，来到河北邯郸，在这里游览了战国时期提倡胡服骑射的赵武灵王修筑的丛台，登高远眺，心旷神怡。

冬天，他又来到青州（今山东益都）的青丘。这里是春秋时期齐景公狩猎的地方，杜甫与游伴苏预一起在这里打猎游玩。苏预就是苏源明，京兆武功（今陕西武功）人，自幼父母双亡，在山东一带流落，后来与杜甫成了朋友。

后来，杜甫还到了兖州。那时，他的父亲杜闲正任兖州司马，他去看望了父亲。在这里，他还登上了兖州城的南楼，纵目望去，只见浮云笼罩着广阔的原野，远方是他向往的泰山和渤海，还有秦始皇在峄山（今山东邹县）留下的石碑，汉代鲁共王在曲阜建筑的鲁灵光殿等，这些都是杜甫想游览一番的。

在25岁左右，杜甫终于实现了登上泰山的愿望，并写下了气魄雄伟的《望岳》一诗：

> 岱宗夫如何？齐鲁青未了。
> 造化钟神秀，阴阳割昏晓。
> 荡胸生层云，决眦入归鸟。
> 会当凌绝顶，一览众山小。

这首诗写得意境开阔，气势宏伟，语言精辟，富有哲理，不仅展现了诗人远大的胸襟抱负，也让我们看到了他那诗歌创作的雄厚实力。

（四）

在《望岳》一诗中，杜甫描绘了泰山郁郁苍苍的山色，随着山势一直延伸，无边无际，辽阔的齐鲁大地似乎也无法容纳。泰山的景色如此雄奇，仿佛大自然将所有的灵秀神奇都聚集在它的身上。

高峻摩天的山峰遮断了阳光，好像把山南山北分成了两个明暗的世界。层峦叠嶂的云气在山峰周围伸展翻滚，胸中的情思也随之激荡。极目远望，旷远空阔的蓝天之下，只看见一两只飞鸟。

泰山虽然高峻，但一定要登上顶峰。站在顶峰远眺，四周的群山都显得那么矮小。那时，就会领略到孔子那种"登泰山而小天下"的伟大胸怀和高远境界了。

杜甫登高远眺，站在日观峰上极目远望，本该豪情万丈，但他却渐渐失去了"一览众山小"的豪兴。因为他发现，泰山一带的农村开始凋敝。由于开元后期唐玄宗不断在边境地区发动战争，男劳动力都被征调到边疆，农田变得荒芜了。尽管国家尚称富裕，但频繁的征兵和征税令生产遭到严重破坏，危机的暗流已经产生。

青年时代的杜甫就细心观察到了开元繁荣盛世之下隐藏的危机，这是十分难能可贵的。但是，此时这还只是杜甫一时的印象，并没有让他形成对整个社会的深入看法，因此青年时代的杜甫依然充满了豪情壮志。

这期间，杜甫又写了充满豪迈气概、富有阳刚之气的两首诗《房兵曹胡马》和《画鹰》。其中，《房兵曹胡马》中写道：

> 胡马大宛名，锋棱骨瘦成。
> 竹批双耳峻，风入四蹄轻。
> 所向无空阔，真堪托死生。
> 骁腾有如此，万里可横行。

大宛是汉代西域的一个国家，出产良马，以汗血宝马最为著名。房兵曹的胡马就是这样的一匹好马，长得精悍有力，遒劲的瘦骨就像刀棱一样锋利；双耳尖尖，如削过的竹片一样尖锐挺拔；奔跑起来，日行千里，有如疾风贯入四蹄；所向之处，瞬间就到，再辽阔遥远的路程也不会觉得远。骑上这样的骏马，真正可以靠它临危脱险，驰骋沙场，征战万里。

杜甫对凡俗平庸的"俗物"极为轻视，他向往的是勇敢向前、奋发向上、快意豪放的英雄生活。这个时期杜甫的远大抱负和英雄主义精神，在《房兵曹胡马》和《画鹰》两首诗中得到了充分的体现。

这段时间里，杜甫还与一些隐士、僧人等有所来往，并与他们成为很不错的朋友。现在在与长辈交往时，他也显得更加谦虚，常常称他们为"长者"，而没有了少年时期滋生在心里的孤傲。

开元二十八年（740年）左右，杜甫结识了父亲属下小县的一位许姓主簿。在一番来往后，他们又一起到济宁游览了南池。

这时恰逢初秋，处于城市边缘的南池水色清冽，菱角累累；树上乱蝉嘶叫，水边蒲叶渐老。划着小船游荡在池面上，八月清晨的露珠带来了微微的凉意，竟然令人有几分思念家乡了。

有一天，杜甫逃难经过石壕村，到一户穷苦人的家里借宿，接待他的是一对老年农民夫妇。半夜里，忽然响起一阵急促的敲门声，隔壁农夫跳墙逃走，只有老婆婆一面答应着，一面去开门。进来的是官府派来抓壮丁的差役，他们厉声问老婆婆："你家男人到哪去了？"老婆婆带着哭腔说："我家已经没有男人了，我的三个儿子都上邺城打仗去了。前天刚刚收到一个儿子来信说，他的两个兄弟都已战死沙场，现在家里只有一个儿媳和一个正在吃奶的孙子。"差役不由分说，就把老婆婆带到军营做苦役去了。这件事让杜甫气愤异常，却有无可奈何，遂写成名诗《石壕吏》。

第三章　结识李白

> 李白斗酒诗百篇，长安市上酒家眠。天子呼来不上船，自称臣是酒中仙。
>
> ——杜甫

（一）

开元二十九年（741年），杜甫结束了10年的漫游，回到了自己的家乡巩县。这年他30岁，在精神上已经是一个完全成熟的人了。

不过，杜甫并没有在巩县住下去，而是来到两位先祖杜预和杜审言的埋葬地——位于洛阳东面的首阳山下，在这里定居下来。

首阳山地属河南偃师县境，风水和风景都不错。唐代初年，与杜审言齐名的诗人宋之问曾在这附近修建过别墅，称为陆浑山庄，杜甫还曾经去寻访过，只是这时的山庄已经荒凉破败了。

这里是杜氏的冢地，本来也有一些杜氏的田地和房产。田地的产出可供生计之需，房屋却是土屋，已经破旧得无法居住了。杜甫对其进行了修缮，使之比原来更加宽敞干净。

新居大约在这年春天完成，杜甫在这里断断续续地生活了4年。他还在这里筑了几个窑洞。在诗中，他把窑洞称为"土室"或"土娄庄"。

在这里，杜甫还写了《祭远祖当阳君文》，追祭远祖杜预，希望自己也能够像先祖杜预一样建功立业，立德立言，并表示自己居住在这里，是因为"不敢忘本，不敢违仁"。

除了这篇颇有深意的祭文之外，杜甫还在天宝元年（742年）为他在幼年时精心照料过他，现在已去世的二姑母写下了《唐故万年县君京兆杜氏墓志》这篇感人至深的文章，以寄托自己的哀思。

杜甫在陆浑山庄还成了亲，他的妻子是司农少卿杨怡的女儿，比杜甫年少11岁，此时刚刚年方19岁。在杜甫心中，这个正当华年的妻子美丽贤惠，正是他没有多少起色的生活中最可心的人。两人之间一生的感情都十分深厚，无穷的分离和困苦，半生的漂泊与流浪，深深地考验了这对夫妻的无比深情。

陆浑山庄距离洛阳较近，杜甫经常从这里前往洛阳，去拜访洛阳的名士和诗人等，希望能通过他们的帮助和举荐，在政治上找到出路。

天宝三年（744年）的春夏之交，杜甫在洛阳第一次遇到了大诗人李白。当时，李白44岁，杜甫33岁。

那时，李白刚刚遭到谗毁，被唐玄宗"赐金""诏许还山"，实际就是被排挤出去，并被要求离开长安。就这样，李白怀着十分愤懑的心情从长安来到洛阳。

李白也曾是一位自许甚高、抱负远大的诗人，在帝都长安生活了3年。在刚到长安时，李白曾受到过很高的礼遇。唐玄宗亲自从金銮殿上下来，满面笑容，迎接李白的到来，并亲切地与李白交谈，还封李白为供奉翰林。

但是，唐玄宗只看重李白的诗文才华，供奉翰林其实并没有实权，只是一个摆设性的官职，与李白的期望相差太远。

李白的政治抱负得不到施展，又不肯投靠朝中权贵，加上性格狂放，容易得罪人，因此处境日渐艰难，心情也越来越压抑，只好整日纵酒狂歌。几年后，杜甫在诗中还写到李白当年豪放嗜酒的情景：

李白一斗诗百篇，长安市上酒家眠。

天子呼来不上船，自称臣是酒中仙。

——《饮中八仙歌》

李白自己也写了一些诗，抒发自己心中的愤懑，但其中的《清平调词》三首被朝中的一些小人别有用心地称作是讥讽当时正受宠的杨贵妃，结果李白又莫名其妙地得罪了杨贵妃、高力士等人。

杨贵妃是唐玄宗最宠爱的妃子，而高力士又是唐玄宗最宠信的宦官。传说唐玄宗宴请李白喝酒，李白酒醉，竟喝令高力士为其脱靴。高力士深以为耻，自此便怀恨在心，经常怂恿杨贵妃在唐玄宗面前诋毁李白。听信于杨贵妃的唐玄宗最终下诏，让李白离开长安。

（二）

李白离开长安后，向东漫游而来。这年秋天，他在洛阳这个豪门比邻、文士接踵的繁华热闹处遇到了杜甫。

在洛阳交游奔走近4年而无所获、已知世态炎凉的杜甫，一见到李白这样一个性情豪放纯真的人物，自然是大为欣喜，就像遇到了老朋友一样，一见面就向他诉说自己厌倦人心巧伪的烦恼。他曾在《赠李白》一诗中，用两句诗表达了自己的心情：

二年客东都，所历厌机巧。

的确，这两位唐代最伟大的诗人身上存在着许多共同点，这也令他们在相遇后结成了深厚的友谊，并成为中国文学史上的佳话。

两人都热爱自然，喜欢游览名川大山；都有不凡的抱负，希望可以成就一番事业；都有傲视流俗的气质，都是性情纯真的人。但是，他们之间又有着明显的区别：李白早年接受的是驳杂而以侠、道为主的教育，性格外向，而且他比杜甫大11岁，已经经历了对政治的极度失望和对朝廷幻想的破灭。他是一个声名赫赫的成名诗人，现在准备向东遨游，远离政治，做一个适情任性的世外高蹈者。

而杜甫此时还期待能够在政治上有所建树，始终是一个放不下"众生"的入世者。他还很年轻，而且性格内向；他诗才初露，也已有佳作问世，但离著名的诗人还有一段不小的距离，还需要进行磨炼。他现在的目的就是能够西进，在最高的权力机构中，实现自己追先祖杜预的政治功绩的理想。

但是，由于暂时受挫，杜甫也在一时间放下了人生的压力，逐渐向前辈李白靠拢；而李白也为杜甫的诗情才华所吸引，立刻接纳了他。

天宝三年秋，两人一起辞别洛阳，渡过波涛汹涌的黄河，到王屋山去拜访著名道士华盖君。不料此时华盖君已经过世，他们只见到了华盖君的几位弟子。两人见王屋山中的寺院一片狼藉，满眼荒凉，只得失望而归。

正当李白与杜甫在梁宋漫游时，另一位当时著名的诗人高适也加入到他们的行列之中。杜甫曾在汶水见过高适，现在久别重逢，自然十分高兴。

高适是渤海（今河北景县一带）人，生于702年，此时已43岁。高适少年时期家境贫寒，在梁宋一带流浪，甚至向人乞讨为生。20岁时来到长安，本想凭借自己的才华谋取官职，但却失望而归。

后来，他还到过蓟门（今北京西南），想在边疆从军报国，立功沙场。虽然未能实现理想，但却有了一定的边疆生活体验，创作出了杰出的边塞诗《燕歌行》，因而在诗坛上名声大噪。

三人相遇后，便开始了愉快的游历。他们一起登上汴州的酒楼，饮酒赋诗，把酒论文，十分高兴。喝完酒后，又在熟悉梁宋风景的高适带领下，他们又兴致勃勃地登上汴州城外的古吹台，眺望辽阔的原野，想起汉高祖刘邦曾经在远处的邙山、砀山一带藏匿过，后来创立了伟大的事业，不仅发出怀古伤今的历史幽情。

这时天气已是深秋，原野肃杀，大雁哀鸣。如此凄凉景象，又引发了三位怀才不遇的诗人对时政的不满之情。杜甫后来在回忆当时的情景时，这样写道：

> 桑柘叶如雨，飞藿去徘徊；
> 清霜大泽冻，禽兽有余哀。
>
> ——《昔游》

面对这样的景色，他们也谈论着当时的时政事。他们指责皇帝好大喜功，而边将们也贪功用兵，专门用立功边疆来夸耀功绩，以博得皇帝欢心。结果，边将们驱使着成百万的兵士攻打一个不重要的城市，打胜了马上就汇报给皇帝，打败了就把消息隐藏起来。

虽然这时海内还没有凋枯，仓廪也算充实，但——

> 幽燕盛用武，供给亦劳哉！
> 吴门转粟帛，泛海陵蓬莱。
>
> ——《昔游》

这些敏感的诗人忧国忧民，担心这样下去会酿成天下大乱。

（三）

三人继续东行，又来到名气稍逊于汴州的闹市宋州，目睹了宋州的繁华。在宋州的北面，有一块大泽名叫孟诸，一直延伸到单父（今山东单县），是狐狸和兔子出没的地方，适合打猎和游览。

于是，三人又来到这里。这时正是万物凋敝的深秋，寒云万里，长风浩荡，原野萧条，草白霜清。三人加入到当地官府组织的狩猎队伍中，在孟诸一带狩猎驰骋。

傍晚归来，当地的官府长官又作东道主，在酒楼宴客，将猎来的野兽制成佳肴，用来下酒。大家一边喝酒吃肉，一边观看美貌官妓的歌舞表演，真是纵情游乐，不知疲倦为何物。

初冬时分，三人又从孟诸来到单父，登上单父台（也称琴台）眺望，见风景与孟诸依稀相似。在肃杀的风景之中，他们再一次陷入对现实的忧思中。

三位诗人纵情游览了一个秋冬，或题诗，或作文，或饮酒，或登览，或慷慨怀古，或指点今朝。在交往中，他们不仅放松了那因为理想不能实现而绷得太紧的神经，又对当时的社会现象、政治弊端等有了更多的了解和一致的担忧。同时，这段经历还加深了这三位诗人的心灵默契和深厚友谊。

特别是对杜甫来说，能够与两位比他年长、出名也比他早许多的著名诗人交往，不仅使他获得了在洛阳文坛上得不到的感染和经验，更强化了他在任何境遇中都关心国家大事的人生态度。

第二年，也就是天宝四年（745），高适要到楚地游历，而李白和杜甫则打算北上交游，三人这种愉悦的漫游才就此结束。随后，高适向南，李白和杜甫向北，三人在单父分手。

李白和杜甫又一同来到齐州（今山东济南）。此次李白到齐州来，是要到紫极宫（祀奉老君的玄元皇帝庙）领受北海高天师的道箓；而杜甫来这里则是为了拜访了北海太守李邕。

李邕年轻时就文名享誉。武则天时代，他曾经做过左拾遗，极力支持御史中丞宋璟当面要求武则天处罚其男宠张昌宗和张易之的行为。

李邕的父亲是注释了《文选》的学者李善。由于自幼受到环境和教育的熏陶，李邕的书法、文章在文艺界都享誉极高。他比杜甫年长34岁，但由于他那豪放不羁的性格以及喜欢奇人异事的心态，再加上杜甫年少时在洛阳的不凡风采，这位当代的大名人很早就想与杜甫结交了，这也是令杜甫引以为荣的往事。

745年，李邕从孙李之芳出任齐州司马。这年夏天，出任北海太守的李邕也来到齐州，早已彼此闻名的李邕与杜甫老少二人终于见面了。

此后，杜甫经常与李邕一起游览下亭、新亭等。在亭中，他们谈论起当代的文学，李邕将几十年来的诗人都屈指细数，一直数到崔融和苏味道。他对每个人都给予了一个评价，称赞杨炯诗文的雄壮，而不满意李峤的华丽。

在这些诗人中，张说本来是杜甫最钦佩的人，此时已经去世多年，但李邕仍然尖刻地攻击他，因为他们二人之间有着解不开的私怨。

最后，李邕又谈到了杜审言，称杜审言的《和李大夫嗣真诗》是一篇难得的佳作。

这时，李白已经回到兖州。杜甫在与李邕度过一个愉快的夏天后，也来到兖州，与李白重逢。此次重逢，杜甫还写了四句诗赠予李白：

秋来相顾尚飘蓬，未就丹砂愧葛洪。
痛饮狂歌空度日，飞扬跋扈为谁雄？

——《赠李白》

随后，杜甫又与李白一起进入东蒙山，访问了道士董炼师和元逸人。他们还经常走出兖州的北门，到荒凉的原野中寻访他们共同的友人范隐士，在那里任情谈笑。此外，他们也常常守着一杯酒，仔细探讨文学上的问题。

不过，此时的杜甫还没能写出《北征》和《赴奉先县咏怀》等杰作。李白虽然已经有不少代表性的作品，但杜甫对李白这些作品的认识还不够，他也只是将李白和南朝的诗人阴铿相提并论。

这是两位诗人最后的会合。不久后，杜甫要西去长安，而李白也准备重游江东，两人在兖州城东的石门分手。临别时，李白送给杜甫一首诗：

> 醉别复几月？登临遍池台。
>
> 何时石门路，重有金樽开？
>
> 秋波落泗水，还色明徂徕。
>
> 飞蓬各自远，且尽手中杯！

——《鲁郡东石门送杜二甫》

从此，石门路上的金樽没有能够"重开"，这两位伟大的诗人也就永久地分手了。此次一别之后，杜甫一直对李白念念不忘，无论后来在长安的书斋，还是在秦州的客舍，他都有思念李白的诗写出来，而且思念的情绪一次比一次迫切，对于李白的认识也逐渐加深。

在长安时，他说"白也诗无敌"；在秦州时，他说李白"笔落惊风雨，诗成泣鬼神"；在成都时，他说李白"敏捷诗千首，飘零酒一杯"，再也不说李白的诗只像阴铿了。

第四章 困守长安

白日放歌须纵酒，青春作伴好还乡！

——杜甫

（一）

辞别李白之后，杜甫在这年冬天暂时回到陆浑山庄小住，度过了一个清寒的季节。家中虽然温暖，妻子虽然贤惠，但这时陆浑山庄的田地出产已经有些难以支持一家人的日常开支了，杜甫甚至不得不穿着短袄过冬。

这样一来，无论是从最基本的生活保障来说，还是从他在近两年访道漫游中都未能忘记的事业心来讲，到长安寻找机会，都已是相当迫切的了。

这年冬天，杜甫在家中专心阅读诗歌与儒家经典著作。第二年一开春，即天宝五年（746），杜甫便打点行装，离开家直奔长安，准备参加朝廷举行的招贤考试。这时，杜甫35岁。

唐代时期的长安是规模宏大的京城，全城除去城北的皇宫和东西两市，共有110个正方形或长方形的坊，坊与坊之间交叉着笔直的街道；自从582年（隋文帝开皇二年）建立起来后，随时都在发展着；到唐天宝时期，可以说发展到了极点。

唐代时期著名的诗人很少有没到过长安的，他们都爱用自己的诗句写出长安地势的雄浑、城坊的整饬、统治阶级的豪华生活和日夜在那里演出的兴衰隆替的活剧。

这一年，唐玄宗又发出诏书：皇上欲广求天下之士，故命通一艺以上、有一技之长的人皆到京师就选。

这是一个大好机会。经过10年的游历，培养了强健体格和豪放不羁性格的杜甫，虽然已经感到时不我待和家境清贫的压力，但他仍然相信，自己的才华和时代的条件完全可以让他重振家声和济世匡时。他自信是一位杰出的才士，而且很快就会得到机会，做出一番宏大的事业。

因此，对前途充满希望和必胜信念的杜甫第一次来到长安，住到一家客栈中，准备在长安广结名流，扩大自己的名声，使自己在日后的选拔中更有希望成功。

长安城有一个大人物——汝阳王李琎，他是宁王李宪的长子。当年唐睿宗李旦在为立太子一事大伤脑筋时，长子李宪主动提出由弟弟李隆基做太子。李隆基登基后，对李宪十分感激，便将胜业坊东南角的一处宅邸赐予他。

开元末年，宁王卒，唐玄宗李隆基追封他为让皇帝，他的10个儿子也多被封为王公，长子李琎被封为汝阳郡王，任太仆卿，与贺知章为诗酒之交。他善诗文、书法，有儒雅之风，很像他的父亲。居父丧期满后，又加特进。唐代时期，文官散阶正二品为特进，因此当时李琎的地位是很高的。

杜氏家族似乎与唐王朝的宗室还有些沾亲带故。杜甫到长安不久，就与李琎家有了交往。他精心构思，写了一首《赠特进汝阳王二十二韵》呈献给李琎：

> 特进群公表，天人凤德升。
> 霜蹄千里骏，风翮九霄鹏。
> 服礼求毫发，惟忠忘寝兴。

圣情常有眷，朝退若无凭。

仙醴来浮蚁，奇毛或赐鹰。

清关尘不杂，中使日相乘。

晚节嬉游简，平居孝义称。

自多亲棣萼，谁敢问山陵。

学业醇儒富，词华哲匠能。

笔飞鸾耸立，章罢凤鶱腾。

精理通谈笑，忘形向友朋。

寸长堪缱绻，一诺岂骄矜。

已忝归曹植，何知对李膺。

招要恩屡至，崇重力难胜。

披雾初欢夕，高秋爽气澄。

樽罍临极浦，凫雁宿张灯。

花月穷游宴，炎天避郁蒸。

砚寒全井水，檐动玉壶冰。

瓢饮惟三径，岩栖在百层。

谬持蠡测海，况挹酒如渑。

鸿宝宁全秘，丹梯庶可陵。

淮王门有客，终不愧孙登。

在这首诗中，上半部分称赞了李琎的德行出众，气度不凡，学识广博，文章华美；后半部分则说李琎像当年的曹植一样，对于我（指杜甫）这样的文士很器重，常常设宴款待，让我内心感激。

诗中将李琎比作尊贤爱士的淮南王，而将自己比成孙登。汉代的淮南王刘安好方术，养士数千人。孙登是魏晋时期的隐士，曾居于汲郡北山，好读《易经》，抚一弦琴，遨游人间，所过之家或设衣食相待，一无所爱，后人都推崇他的人格。杜甫自比孙登，可以看出他自视甚高，有一股傲然之气。

事实上，在后来人生的道路上，杜甫身上的这种傲然骨气虽然迫于现实的各种压力不在溢于言表，但却始终未曾磨灭。

（二）

杜甫来到长安时，唐朝的政治统治已经显露出日趋腐化的徵象。唐玄宗李隆基作了30多年的皇帝，眼看海内生平，社会富庶，觉得国内再也没有什么事情值得忧虑了，太平思想麻痹了他那早年奋发图强的精神。

这个年过六旬的皇帝，十几年来迷信道教，不是亲自听见神仙在空中说话，就是有人报告他说在紫云里看见玄元皇帝（即老君），或是某处有符瑞出现，使他相信自己将要在一个永久太平的世界里永生不死。

同时，他又将自己关闭的宫禁之中，终日沉溺于声色，过着奢靡无度的生活，把一切政权都交给中书令李林甫处理。

李林甫是个口蜜腹剑的阴谋家，他在玄宗左右谄媚，迎合玄宗的心意，以巩固自己已获得的宠信；他嫉贤妒能，打压比他有能力的人，以保持自己的地位，并且一再制造大狱，诬陷不肯顺从他的官员，扩张自己的势力。

因此，开元时代遗留下来的一些比较正直、耿介、有才华的人士，几乎没有一个不遭受李林甫的暗算与陷害的。杜甫所推崇的张九龄、严挺之等人，都被他排挤，被迫离开京师，不久便先后死去；惊赏李白的天才、相与金龟换酒的贺知章也上疏请度为道士，归还乡里；随后，李邕在北海太守的任上也被李林甫派出的特务杀害……

这时的长安城，被一股阴谋和恐怖的空气笼罩着，几年前饮中八仙的那种浪漫气氛几乎荡然无存。除李林甫之外，朝廷中的人物不是像王鉷、杨国忠那样的贪污，就是像陈希烈那样的庸懦。

在刚到长安时，杜甫那漫游时代的豪放情绪还没有消逝，心中充满了豪情壮志。但等与长安的现实渐渐接触后，他的豪放情绪便逐渐有所收敛了。这期间，他对于过去自由的生活感到无限的依恋，一种矛盾的心情充分反映在他在长安前期生活的诗中：一方面羡慕自由的"江海人士"，一方面又想在长安谋取个一官半职。

747年，玄宗下诏的制举考试开始了，杜甫与当时另一位颇有名气的诗人元结（723—772）一起参加了这次招贤考试。然而考试结果出来后，杜甫却再次落选了，其他所有的人也都落选了。全国大规模的招贤考试竟然没有一个人被选上。原来，这只是一场阴谋而已。

此次招贤考试是由宰相李林甫主持的。他生怕前来应试的是草野之士，说话大胆，在皇上面前揭露朝政的黑暗和腐败，"泄露当时之机"。因此，在送选之初他就在朝廷上说：

"这些举人卑贱愚钝，不识礼数，恐有俚言，污浊圣听。"

因此，他命令各郡县长官严加考试，个别卓然超绝的应试者，具名送到台省，委派尚书复试，由御史中丞监督，从中故意刁难，设置障碍。

此时的李林甫权倾天下，诸位官员都是敢怒不敢言，于是一场考试下来，没有一个中第，这就是"野无遗贤"。也就是说，有才能的、该选的，早都被选上来了，山野间已经没有贤人可选了。

（三）

杜甫原本抱着很大的信心，希望能通过此次考试获得成功，走向仕途，从而逐渐实现自己多年以来即有的"致君尧舜上，再使风俗淳"的理想。可如今两次考试均落选，自己已过而立之年，还在徘徊游荡，入仕无门，这让他感到十分焦虑、不安。

　　直到752年李林甫死后，杜甫想起这件事，还是沉痛不已，并放胆说出了几年来压抑在他胸中的悲愤：

　　　　破胆遭前政，阴谋独秉钧。

　　　　微生沾忌刻，万事益酸辛。

——《奉赠鲜于京兆二十韵》

　　这是杜甫在李林甫的阴谋政治中遇到的巨大打击。当时元结还很年轻，后来也考中了进士；而杜甫此时已36岁，经过这次打击，他那高昂的精神逐渐萎靡下来，他也仿佛一下子老了很多。曾经那澎湃的激情，旺盛的精力，对未来实现理想的强烈自信，一下子都失落了。他仿佛换了个人一样，或者说，那充满朝气的浪漫的壮年时代已经离他远去，凄凉、落魄、感受生活困境的中年时代提前到来了。

　　考试落榜后，杜甫在长安的生活也日渐穷困落魄。为维持生活，他不得不低声下气地充作几个贵族府邸中的"宾客"。当时有一小部分贵族承袭着前代的遗风，除了在他们的府邸园林中享受生活之外，还延揽几个文人、乐工、书家、画师等作为生活的点缀。这些人在政治上不能起到什么作用，但据有充足的财富，随时能给宾客们一些小恩小惠。而宾客们则追随他们，陪他们喝酒吟诗，从而获取一点小钱儿，维持自己可怜的生计。

　　杜甫就曾作过这样的宾客。此外，他还找到一个副业，就是在山野里采撷或在阶前种植一些药物，随时呈献给这些人，换取一些"药价"，表示自己从他们手中拿的钱不是白拿的。这就是他所说的"卖药都市，寄食友朋"。

　　在杜甫的这些"友朋"中，最重要的是汝阳王李琎和驸马郑潜曜。他经常写诗给他们，推崇他们，说他们对待他是——

招要恩屡至，崇重力难胜。

——《赠特进汝阳王二十韵》

然而，实际的情况却在他的另一首诗里写得非常清楚：

朝扣富儿门，暮随肥马尘。

残杯与冷炙，到处潜悲辛。

——《奉赠韦左丞丈二十二韵》

这首诗是赠给韦济的。韦济也不是什么高明人物，在734年曾将方士张果举荐给唐玄宗，逢迎皇帝寻求长生不老、迷信道教的心意。

在河南时，韦济曾到首阳山下拜访过杜甫，但那时杜甫已到长安了。后来他到长安后，常常在同僚中赞颂杜甫的诗句。可以说，他是当时在长安唯一因为诗词而器重杜甫的人。因此，杜甫也将自己心中的悲愤毫无保留地向韦济倾诉。

这是杜甫最早的一首自白诗，也说明他的穷困从此开始。另外，诗中还叙述了自己内心的冲突：想东去大海，恢复往日自由的生活，但又舍不得离开长安。

虽然杜甫将韦济当成自己的知心人，而韦济本人也颇有权势，当时正担任河南尹，但韦济在仕途上也没什么办法能够帮助杜甫。杜甫在京城奔波很久，也未能谋得一官半职。

早年在游历吴越齐鲁时，杜甫从未为生计担心过，那时正值开元盛世，他的父亲杜闲又担任地方官，有一定的收入，足可以提供给杜甫生活与漫游的开销。所以，杜甫那时的生活一直比较舒适。

而杜甫到长安不久，父亲就去世了。如此一来，杜甫的生活便没了着落，开始变得穷困潦倒，甚至已沦落到了社会的底层。

天宝九年（750年），杜甫39岁，他的第一个儿子宗文出生，这让杜甫的生活更加窘迫无助。现在，他已经成为一个被责任束缚得紧紧的父亲了。

（四）

就在杜甫处于生活困顿之时，天宝十年（751年）正月初八至十日，唐玄宗在三天内接连举行了三个盛典：祭祀玄元皇帝、太庙和天地。杜甫趁机写成了三篇《大礼赋》，分别为《朝献太清宫赋》《朝享太庙赋》和《有事于南郊赋》。内容很明显，都是投天子所好，歌功颂德，粉饰太平，与"劝百讽一"的汉代大赋同规格。

这里值得注意的是杜甫的《进三大赋表》。在文中，杜甫收敛起以往那种张扬凌厉的个性，变得非常谦虚自抑。他写道：

臣生长陛下淳朴之俗，得四十载矣。与麋鹿同群而处，浪迹于陛下丰草长林，实自弱冠之年矣。岂九州牧伯，不岁供豪杰于外？岂陛下明诏，不仄席思贤于中哉？臣之愚顽，静无所取，以此知分，沉埋圣时。不敢依违，不敢激讦，默以渔樵之乐自遣而已。顷者卖药都市，寄食友朋，窃慕尧舜击壤之讴，适遇国家郊庙之礼，不觉手舞足蹈，形于篇章。漱吮甘液，游泳和气，声韵浸广，卷轴斯存。抑亦古诗之流，希乎述者之意。然词理野质，终不足以拂天听之崇高，配史籍之永久。恐倏先狗马，遗恨九原。臣谨稽首，投延恩匦，献纳上表。

在这篇表中，杜甫称皇帝的风俗淳朴，而自己40年不遇，20年野处，与麋鹿为伴，并不是因为没有地方官向上举荐他，也不是陛下没有下诏求贤，而是因为自己太愚钝、太笨拙，才会一再失败。因此，我也就知命了，不敢在出世与入世间摇摆不停，也不敢攻击当政的大臣，只是默默地做一个樵夫为快乐罢了。

不久前，我在都市卖药，在朋友那里找一碗饭吃，私心羡慕尧舜时野人所唱的赞美圣时的击壤歌，正好遇到国家这场盛典，不觉高兴得手舞足蹈，写下文章来。受到太平盛世的雨露恩泽，和气化养，我的文章写得越来越多。它虽然是辞赋，但也像古诗那样出自真心。只不过文辞与观点都不够好，不足以玷污天子神圣的耳朵，并让史书永久记载。但我担心自己马上死去，遗恨于荒原之中，所以在此稽首，投匦献表。

随后，杜甫便将这三篇赋文投入延恩匦（当时一种提意见的信箱）。没想到这三篇赋竟然发生了效果。唐玄宗看过后，十分赞赏杜甫的文笔，便宣杜甫待制集贤院，命宰相李林甫当场考核他的文章。

这是杜甫在长安10年中最值得炫耀的一个时期。他在一天之内便声名大噪，考试时，集贤院里的学士们都围绕着观看他。杜甫在回忆当时的盛景时这样写道：

> 忆献三赋蓬莱宫，自怪一日声辉赫。
> 集贤学士如堵墙，观我落笔中书堂。

> ——《莫相疑行》

许多人在观看了杜甫在精神高度兴奋状态下灵感迭出、才华毕现的文章后，都不得不由衷地赞赏，其中就有当时的集贤院学士崔国辅和于休烈。

可是，这一幸运转瞬间便过去了。考核完后，杜甫兴致勃勃地等候分发，结果却永无下文。当然，这也是李林甫在从中作祟。

李林甫之所以一而再再而三地阻拦有才之士入仕，就是因为他自己的文字功底很差，一向看不得文才卓异之士，十分嫉贤妒能。他曾经找借口杀掉了一代名士李邕。更何况天宝五年时举行的那次天子应征，杜甫也参加了。当时没有被录取，而此番若评他才华出众，应越级赠官，不就说明上次的考试不公平吗？李林甫可不会给自己留下这个口舌。

因此，在集贤院考试之后，杜甫并没有得到官职，也没有说他的才华多么出色，只是得到了一个"名实相副"的考评，然后杜甫的材料被按常规选官程序送到有关部门，列入其他候选人名字中间去了。

因此，在天宝十年近一年的时间中，杜甫都在长安等待朝廷的任命。此时，他的生活已经穷困得难以忍受，身体也在长期的困顿中被渐渐拖垮了。

（五）

751年秋，长安下了许多天的大雨，到处都是倒塌的墙屋。杜甫寄居在一个简陋的旅社中，衣食困窘，精神焦灼。更加不幸的是，他还患上了疟疾，寒热交加，整整一个秋天都不见好，直病得面黄肌瘦，头白眼花，命如一线，仅存喘息。后来，他到友人王倚家中，向王倚述说了他的病况：

> 疟疠三秋孰可忍？寒热百日相交战。
> 头白眼暗坐有胝，肉黄皮皱命如线。
>
> ——《病后过王倚饮赠歌》

同年冬天，杜甫还寄诗给咸阳华原两县县府里的友人，述说他饥寒交迫的情况：

饥卧动即向一旬，敝衣何啻联百结。

君不见空墙日色晚，此老无声泪垂血！

——《投简咸华两县诸子》

王倚和咸华两县的友人既不是权贵，也不是文豪，但却有着淳朴的情感。这时的杜甫也已开始吸取民间的方言口语，将它们融入自己的诗句当中，从而使他的诗渐渐变得新鲜而有力。

天宝十一年（752年），朝廷的消息还没有来，杜甫越来越失望。3月，他作诗辞别了集贤院学士崔国辅和于休烈这两位激赏他的考试文章的朋友，向他们表达了自己献赋未能成功得官的气愤和沮丧，并表达在这番失败之后，将不再幻想能在官场为官，而要回到盛产药物的首阳山隐居的心思后，不久便离开长安，回到洛阳的陆浑山庄。

可是，陆浑山庄的生活条件也十分艰苦，杜甫一家的生活日渐穷困。虽然首阳山上盛产药物，但杜甫若以采药为生，他还是缺少一些这方面的知识。

753年，杜甫的第二个儿子宗武又出生了。这时的杜甫，迫于生计的艰难，就像个病急乱投医的人一样，到处寻求可以让他进入官场的机会。

好在这一年权相李林甫死去，与李林甫有矛盾的杨国忠接替他做了宰相。杜甫以为给自己一生造成阻碍的挡路巨石已经消失，不由得长出一口气。

到了次年，即天宝十三年（754年），杜甫便向杨国忠的宠臣、刚从剑南节度使副使任上转为长安京兆尹的鲜于仲通赠诗。在诗中，就像以往献给其他权贵的干谒诗一样，杜甫先是赞美这位善于逢迎的京兆尹才气杰出，接着又回忆自己一生的苦学成名和应试的一再失败。他对自己抱着一举成功希望的天宝六年的那次参试，因李林甫的捣鬼而失败感到特别不平。因此，他希望鲜于仲通这位上可通天的长安新贵能将自己穷困愁苦的处境告诉宰相大人，以得到宰相大人的赏识。

接着，杜甫又写了一篇《进封西岳赋表》献给皇帝，并特意与主管开瓯献纳的起居舍人田澄打了招呼，说"扬雄更有《河东赋》，唯待吹嘘送上天"。

可是，不论是写给鲜于仲通的恭维的赠诗，还是写给天子的《进封西岳赋表》，最后都如石沉大海一般，没有一点消息传来。

杜甫还不死心，又给一位郑姓的谏议官投诗。因为按照职守，谏议官应该建议大臣任用天下直士。杜甫在诗中表示了自己对这位谏议官的倾倒，并期望对方能给自己一个许诺。他说自己就像是无路可走的阮籍一样，在痛哭自己的命运。正直的谏议官知道此事，是应该感到忧虑的。

可以说，从天子到谏臣，凡是一个书生所能想到的办法，杜甫都试过了，但却没有起到一点效果。偌大的一个朝廷，竟然没有一处诗人的安身之地。

→ 　　杜甫的祖父便是以诗句"云霞出海曙，梅柳渡江春"而声名大噪的诗人杜审言。也许是良好的遗传因子起了作用，7岁时的杜甫便能写咏凤凰的小诗了。他曾在《壮游》诗中颇为得意地回顾自己"七龄思即壮，开口咏凤凰"。他还十分自豪地宣称"诗是吾家事"，将诗歌看做是杜家的专业。

第五章　功名难成

出师未捷身先死，长使英雄泪沾襟。

——杜甫

（一）

杜甫坚守长安、为求一官的过程总是伴随着失败和耻辱，令他心力交瘁。加上两个儿子的先后出世，杜甫对家庭必须承担更多切实的责任。因此大约在天宝十二年（753年）第二个儿子出生不久，杜甫就将家眷都接到京师暂住，因为陆浑山庄既无人照料田地，所入也已不敷出，还要时不时受到乡里小儿的欺负。

然而，家人团聚的欢乐很快就被生活的窘迫驱散了。天宝十二年（753年）8月，京城霖雨，收成十分不好，杜甫一家刚刚搬来，米价便一天比一天贵，根本买不起。朝廷出太仓米10万石，减价卖给穷人，杜甫不得不去购买这种减价救济粮。此时，他已经是一个地地道道的贫民了。

福无双至，祸不单行。天宝十三年（754年）秋天，长安再次遭受水灾，霖雨积60余日，京城垣屋颓坏殆尽，物价暴贵，人多米少。然而就在这灾难接踵而来时，宰相首先考虑的并不是如何赈灾救难，而是如何巩固自己现有的地位。

当时，玄宗见连续下了两个多月的雨，不禁担忧起农民地里的庄稼来。可是，宰相杨国忠却没有及时向皇帝汇报真实灾情，而是取来好的禾苗献给皇帝，并说：

"虽然雨下了很久，但并不危害庄稼。"

玄宗虽然不信，但也不想多管。

扶风太守房琯要向皇帝汇报所辖地区的灾情，杨国忠竟然让御史官员来审讯他。这样一来，就再也没有其他官员敢提灾情的事儿了。

宰相对灾情视而不见，百姓们只能更加遭殃，杜甫所写的《秋雨叹三首》更是生动而真实地反映了当时的情景：

其一

雨中百草秋烂死，阶下决明颜色鲜。

著叶满枝翠羽盖，开花无数黄金钱。

凉风萧萧吹汝急，恐汝后时难独立。

堂上书生空白头，临风三嗅馨香泣。

其二

阑风伏雨秋纷纷，四海八荒同一云。

去马来牛不复辨，浊泾清渭何当分？

禾头生耳黍穗黑，农夫田父无消息。

城中斗米换衾裯，相许宁论两相直？

其三

长安布衣谁比数，反锁衡门守环堵。

老夫不出长蓬蒿，稚子无忧走风雨。

雨声飕飕催早寒，胡雁翅湿高飞难。

秋来未曾见白日，泥污后土何时干。

在第一首诗中，诗人歌咏了他在前阶上看到一种植物决明，触景生情，由此引发出深深的感慨；第二首诗写久雨为害；第三首则自叹久雨之困，童稚无忧更反衬出诗人的忧心如焚。这三首诗具有一定的讽谏之意，表现出诗人很强的忧患意识，堪称"史诗"。

连年的秋涝，冬春又遇干旱，杜甫一家的生活简直是度日如年。《投简咸华两县诸子》一诗中描写的，正是当时真实的景况：

> 赤县官曹拥材杰，软裘快马当冰雪。
>
> 长安苦寒谁独悲？杜陵野老骨欲折。
>
> 南山豆苗早荒秽，青门瓜地新冻裂。
>
> 乡里儿童项领成，朝廷故旧礼数绝。
>
> 自然弃掷与时异，况乃疏顽临事拙。
>
> 饥卧动即向一旬，敝衣何啻联百结。
>
> 君不见空墙日色晚，此老无声泪垂血！

生计难为，地冰苗荒，无奈之下，杜甫只好向交好的富家告贷或求援。然而，对于前途看起来十分黯淡的诗人，富家权贵与他的交情也变淡了。在这期间，潦倒落魄的杜甫可谓尝尽了俗人的白眼与嘲笑，这使他的心情常常陷于苦闷忧郁的迷雾之中，难以自拔。

（二）

在长安无法谋得官职挣钱养家，杜甫不得不把妻子和两个孩子送到奉先（陕西蒲城）寄居，而他本人仍然留在长安。同时，他的舅父正任白水尉，白水是奉先的邻县，从此杜甫就经常往来于长安、奉先和白水之间。

到755年10月，除中间回了几次洛阳，杜甫在长安已经整整9年了。在这漫长的9年中，杜甫用尽办法，希望能够在朝中谋得一官半职，但除了失望还是失望。然而就在他已不抱任何幻想时，朝廷忽然有了消息：任命杜甫为河西尉。当然，官阶只有从九品。

当时的县尉，可以说是让一个有良心的诗人最难以忍受的职位。高适曾担任过封丘县尉，他用几句诗写出了县尉生活的沉痛：

> 只言小邑无所为，公门百事皆有期；
> 拜迎官长心欲碎，鞭挞黎庶令人悲。

——《封丘作》

杜甫在长安与高适重逢，当时还为他感到欣慰，因为他从县尉的职位脱身了，再也不用鞭挞人民了。而如今，他不得不重蹈高适的覆辙，去过那种逢迎官长、鞭挞人民的生活。因此，杜甫虽然生活穷困，虽然44岁还没担任过一个官职，但他却不假思索地拒绝了这个任命。

辞却河西尉后，朝廷旋即任命杜甫为右卫率府兵曹参军，任务是看守兵甲器杖等，管理门禁锁钥，职位是正八品下。当然，比县尉的官阶还稍稍升了一点。

杜甫决定接受这个官职。赴任前，他准备再到奉先去探视一次妻子和儿子。这个时期正是唐朝成立以来统治集团的奢侈生活与人民所受剥削都达到前所未有的高峰的时刻。随着频年的水旱成灾，人民的生活日渐艰难，贫富悬殊也一天比一天加剧。

杜甫在11月的一天夜半从长安出发。当时百草凋敝，寒风凛冽，他的手和脚都要冻僵了。如今他谋得这样一个小小的官职，可说是在长安9年内不断献赋呈诗所得到的结果。一路上，杜甫将这些年的生活总括起来，回想自己走过的大半生，不禁心潮起伏，百感交集。他想起自己在长安时内心常常出现的矛盾，他本来也可以像李白一样，遨游江海，潇洒送日月；但他关心人民，希望有一个爱护人民的朝廷。他把这个美好的希望寄托在皇帝身上，所以他不甘心离开长安。

而如今，自己的头发都白了，身体也衰弱了，当年满怀壮志豪情，现在获得的职位却只不过是在率府里看管兵器。

想到这些，诗人的心中酝酿出一大篇诗来：

> 杜陵有布衣，老大意转拙。
>
> 许身一何愚，窃比稷与契。
>
> 居然成濩落，白首甘契阔。
>
> 盖棺事则已，此志常觊豁。
>
> 穷年忧黎元，叹息肠内热。
>
> 取笑同学翁，浩歌弥激烈。
>
> 非无江海志，萧洒送日月。
>
> 生逢尧舜君，不忍便永诀。
>
> 当今廊庙具，构厦岂云缺？
>
> 葵藿倾太阳，物性固莫夺。
>
> 顾惟蝼蚁辈，但自求其穴。
>
> 胡为慕大鲸，辄拟偃溟渤？
>
> 以兹悟生理，独耻事干谒。
>
> 兀兀遂至今，忍为尘埃没！
>
> 终愧巢与由，未能易其节。
>
> 沈饮聊自遣，放歌颇愁绝。

——《自京赴奉先县咏怀五百字》

当杜甫快到骊山时，东方将白，不远处的骊山在晨曦中逐渐呈现出清晰的轮廓，诗人想起玄宗皇帝此刻正与杨贵妃等人在山上的华清池中尽情享乐，而百姓却在饥寒交迫中挣扎，心中痛苦万分，不禁悲吟出这千古的名句：

朱门酒肉臭，路有冻死骨。

——《自京赴奉先县咏怀五百字》

（三）

过了骊山之后，杜甫向北行走来到渭水。他准备乘坐官设的渡船从华阴转入洛水，然后逆流而上，奉先县就在洛水西岸不远的地方。

可是适逢大水，滔滔河水从西而下，高耸的波涛排山倒海，直逼而来，就像从陇西的崆峒山上直接倾泻下来一样。遇到这样的大水，渡船便改变了航道，杜甫无奈，只好又折回到泾渭二水的合流处，这里有东渭桥，可以通过渭水。

幸好桥梁还没有被大水冲垮，但由于波涛汹涌，支撑河桥的支架不时发出吱吱呀呀的摇动声，此刻走在这摇摇晃晃的桥上，还真有些让人心惊胆战。但不论怎样，能够回家看一看，一家人团聚在一起，同甘共苦，总是值得的。

经过长途跋涉，杜甫终于到家时，却并没有得到希望中的欢聚，反而听到了一片痛哭之声。原来，他那还未满周岁的小儿子刚刚饿死了！这让杜甫陷入到极度的悲痛之中。现在正值秋天收获的季节，况且自己还有官职，家中能免除租税徭役，竟然还发生这样无食丧子的事情，怎能不叫人悲痛！

连杜甫这样的家庭都会发生这样的事情，何况那些普通的百姓呢？在极度的悲痛中，诗人推己及人，再次想到天下更多的百姓所承受的更为深重的苦难，他们所身受的痛苦不知道要比自己多多少倍呢！

草草地埋葬了小儿子后，杜甫便将自己从长安出发到奉先这一路的经历和感想写成了《自京赴奉先县咏怀五百字》一诗。

这是杜甫的一篇划时代的杰作，无论是篇幅之宏大、内容之广阔，还是形式之精严、手法之超绝，在整个唐代，乃至整个诗歌史上都享有极高的地位。前人所写的五言古诗大多短小，只有杜甫的五言古诗沉郁顿挫，篇幅宏大，气势磅礴，为古代诗歌开辟了新的领域。

就在杜甫冒着严寒路经骊山，玄宗君臣在华清宫尽情享乐之时，安禄山已经在渔阳起兵了，只是消息还未传到关中来。从这一史实来看，杜甫的《自京赴奉先县咏怀五百字》这首诗对于危机四伏、大乱将临的形势表示出了深刻的忧虑，堪称是这个山雨欲来风满楼的时代的真实写照。

当然，杜甫当时也没有比其他人更早地知道动乱的确切消息，但作为诗人，杜甫却以其特有的敏感，预感到民族危亡、社会动乱即将到来。所以，这首诗中所蕴含的焦虑、痛苦、不安、忧伤的情绪与当时的社会形势发展走势是相互吻合的。

对于杜甫的仕途来说，长安十年奔波的结局是悲惨的，他只谋得了一个正八品的微职。但对于杜甫的诗歌创作来说，这10年的成果却是辉煌的，他创作出了《自京赴奉先县咏怀五百字》这样不朽的诗篇。

当杜甫从奉先县再次回到长安，刚刚到率府任职没多久，安禄山就率领叛军打到了洛阳。756年正月，安禄山自称大燕皇帝。在长安沦陷前的一个月，杜甫携家人离开了长安。

唐朝时代一场巨大的动乱到来了，诗人杜甫无论从思想上，还是从创作上，都为描绘这段惨痛的历史做好了准备。而为了留下这幅波澜壮阔的历史画卷，诗人此后也经受了无尽的痛苦与磨难。

第六章　携家流亡

> 志士仁人莫怨嗟，古来才大难为用。
>
> ——杜甫

（一）

天宝十四年（755年）初冬，就在杜甫前往奉先县看望家人时，平卢、范阳、河东三镇节度使安禄山以奉密诏讨伐杨国忠为名，在范阳（治今北京）起兵，率领所部以及同罗、奚、契丹、室韦等盟军，号称20万步骑的精锐大军，烟尘千里，鼓噪震地，浩浩荡荡地向洛阳进发了。安史之乱就此拉开序幕。

安禄山（705—757）本是营州柳城（今辽宁朝阳）的混血胡人。他的父亲是胡人；母亲是突厥人，姓阿史德，是突厥的巫师，以占卜为业。安禄山很小时就勇猛好斗，突厥语中称战神为"轧荦山"，所以就取名为轧荦山。后来冒姓安，谐音就叫安禄山了。

安禄山幼年时，父亲就死了，他跟着母亲居于突厥。后来，将军安波志的兄弟安延偃娶了他的母亲，安禄山便随同几个小兄弟逃出突厥。

长大后，由于通六藩语，安禄山便做起了互市牙郎，即现在所说的经纪人，从事中介贸易。后来因盗窃被当时的幽州节度使张守珪抓住。张守珪命人扒掉他的衣服，要杖罚他，直至杖杀。眼看命就要没了，安禄山急得大叫：

"大夫不欲灭两藩耶？何为打杀安禄山？"

张守珪见此人生得肥壮，有些模样，说话也不同常人，便给他松绑，免去了他的死罪，不久后让他与史思明一起当了捉生将（一种低级军官的名称，和现在的特种侦察兵类似，主要是从敌占区抓获活的敌人）。

史思明是安禄山的同乡，也是营州混血胡人，两人自幼相识。两人担任捉生将后，十分骁勇，张守珪便提升他们为偏将，还将安禄山收为养子。

开元二十四年（736年），张守珪命此时已做了平卢讨击使、左骁卫将军的安禄山讨伐奚和契丹叛者，结果安禄山大败，按军法当斩首，但张守珪不忍杀他，便将安禄山押送京师，让皇帝亲自处置。

好武的皇帝一见到安禄山，便认为他是个将才，遂赦免了他的死罪，放安禄山回幽州。此后，安禄山小心经营，每每朝中有使者来，安禄山都好生款待并贿赂他们。这些人回朝后便为安禄山说了很多好话，玄宗皇帝也渐渐看重安禄山，并于天宝初年任其为平卢节度使兼柳城太守。第二年入朝后，安禄山又被晋封为骠骑大将军，后又取代裴宽为范阳节度使、河北采访使，仍领平卢军。

此后，安禄山越来越得到玄宗皇帝的宠信。他体肥无比，自称有300斤，那肥胖笨拙的外表常给人一副忠实憨厚的印象。但安禄山并不真笨，相反，他应对敏捷，杂以诙谐，因此更是得到皇帝和周围不少人的喜爱。

有一次，玄宗指着安禄山的肚皮开玩笑地问道：

"你的肚皮中装的是什么东西啊？弄得这么大！"

安禄山应声答道：

"没有别的东西，只有一片赤心而已！"

玄宗皇帝一听，非常开心，又重重赏赐了安禄山。

过分宠信的后果就是：一旦恩宠消失，接着就是灾难。这点安禄山很明白。皇上年事已高，一旦晏驾，不但自己拥有的一切都可能失去，还可能招来杀身之祸。因此，安禄山便渐渐产生了谋权篡位的心思。他本来是想等玄宗驾崩之后再行事，但杨国忠一直将他视为眼中钉，想尽办法要除掉他，经常在玄宗面前声称安禄山会谋反。这样一来，形势紧急，安禄山只好提前加紧叛乱的准备。

经过8年处心积虑的准备，安禄山所导致的这场生灵涂炭，并令大唐帝国从此一蹶不振的战乱终于开始了。

（二）

安禄山的军队基本是采用游牧民族的军事战术：快速、迅猛、灵活。单一主力部队正面进攻，没有迂回，也不用左右侧翼掩护，直接从范阳出发，沿着西南方向挺进，直扑洛阳而来，所到之处根本没遇到什么抵抗。

这是因为，国内数十年来一直都太平无事，中原兵士几十年来都不见兵甲，兵器在各地的府库里都生了锈；全国的兵力也只是囤集在西北的边陲地区，防御那里的吐蕃。所以，安禄山率兵长驱南下，不到两个月就攻下洛阳。

直到这时，麻木已极的唐玄宗才终于意识到安史之乱的真实性。仓促之间，他打算"御驾亲征"，命太子监国，但被众大臣拦下。于是玄宗顺水推舟，任命封常清、高仙芝等一批将帅赶紧招募新兵，抵御叛军。

但新招募的兵士缺乏作战能力，而安禄山的叛军多年来一直转战南北，富有作战经验，所以封常清的部队和各地的守军根本抵不住叛军的攻势。封常清也一退再退，一直退到陕州，然后与高仙芝一起死守潼关。

潼关是进入关中、长安的必经之路，地势险要，易守难攻，因此，安禄山西进的攻势受到遏制，没能实现进一步攻占长安的愿望。

安禄山将部队驻扎在陕州，自己则回到洛阳着手建立自己的王朝。这时已经到了新年，即天宝十五年（756年）正月，安禄山在洛阳自称大燕皇帝，改元圣武，同时还任命了一批文武大臣，组建起自己的中央政府。

不久后，安禄山又率兵威逼潼关，长安岌岌可危。玄宗皇帝深感恐惧，只得又命老迈多病的哥舒翰接替高仙芝镇守潼关。战争的形势愈来愈不容乐观。

到初夏5月，叛军已逼近潼关，长安危在旦夕。在玄宗皇帝出逃后，正在京城任职的杜甫心中也十分挂念家人，每每听到各种战事的传闻都感到很不安。于是，他又离开长安赶往奉先，把妻子和儿女从奉先接到稍北些、距离长安较远的白水县，暂时寄住在他的舅舅家中。

此时，杜甫的心情流露出乱世之人的凄惨与恍惚。在极度不安之中，他盼望着接替高仙芝镇守潼关的老将哥舒翰能够守住这离京城不远的重要防线。

杜甫对哥舒翰还是相当信任的，认为哥舒翰可以抵御强敌。因为在这年正月，安禄山的儿子安庆绪初次攻打潼关时，就被哥舒翰击退了。但事实上，哥舒翰患病多年，身体和精神都日渐衰竭；而监军李大宜与将士们整天只知道饮酒赌博，根本不管士兵死活。士兵们常常连饭都吃不饱，哪还有力气抵御强悍的叛军呢？

6月，哥舒翰率军出关反攻，在灵宝西原与崔乾佑军会战，三天的工夫20余万人便全军覆没。6月9日，潼关失守，附近各地的防御使纷纷弃职潜逃。不久，白水也沦陷了，杜甫不得不带着一家人在局势急骤的转变中开始了流亡的生活。

这年杜甫虽然只有45岁，但长期饥寒交迫的生活和压抑晦暗的心情毁坏了他的健康。特别是在天宝十年以后，他几乎一直处于断断续续的病态中。这一次仓促出逃，准备不足，一路更是忍冻挨饿，还要在野外辛苦跋涉——杜甫出来时本来是骑着牲口的，但不久他的牲口就被人抢走了，诗人不禁疲倦地倒伏在野草丛中。

与杜甫一起逃亡的，还有他的一个王姓表侄（他曾祖姑的玄孙）。此时，王姓表侄已经骑马护卫着两家人走出十几里路，回头发现杜甫不见了，于是呼喊寻求，在草丛中找到了已累瘫的杜甫。

在极其危急的时刻，王姓表侄将自己的马匹让给杜甫，自己左手为杜甫牵着缰绳，右手拿着佩刀保护着他，才终于带着两家人逃出险境。

十几年后，杜甫在潭州又遇到这位表侄，回想起过去那段共患难的经历，依然十分感动。他觉得，如果当时没有这位表侄的帮助，他也许就在兵马中间死去了。因此，他感激地向表侄说道：

苟活到今日，寸心铭佩牢。

（三）

乱世中聚散无定，杜甫全家在脱离险境之后，便与王姓表侄一家分手，继续单独向北行去。半夜时分，一家人逃到离白水县60余里的汉代彭衙故城。

荒山月冷，除了偶尔的几声鸟叫，四野无声。但此刻，诗人全家都怀疑山中有狼虎出没，不由得十分害怕。虽然大家都又饿又渴，十分难受，但都不敢出声，只有尚在襁褓之中的小女儿饿得直哭。

杜甫怕女儿的哭声招来野兽，便将她紧紧搂在怀里，捂住她的嘴巴。稍大些的男孩要懂事一些，饿得自己在周围找野果子吃，但也只能找到一些苦李子来吃。

接下来的十几天，便是缠绵不断的雷雨天气，一家人奔波在荒郊野外，没有雨具，没有住处，没有食物，这是最痛苦不过的事了。他们要在狭窄、泥泞的小路上艰难行走，有时互相牵扶，有时还要拄着树枝才不至于跌倒。没有食物吃，便找些路边的野果充饥，勉强维持生命；没有地方住，就在野外的树枝下蜷缩过夜。这真是令人绝望的旅行！

经过这样的十几天后，一家人终于在一个夜晚走到离鄜州（今陕西富县）不远的同家洼。在这里，居住着杜甫的一个朋友孙宰。幸运的是，虽然生在自身不保的乱世，杜甫一家又是如此落魄的客人，但孙宰一家还是热情地接待了他们。

当孙宰打开门，发现门外站的是狼狈不堪的杜甫一家时，他马上掌灯欢迎，热情地为他们烧水洗脚洗澡，解除疲乏；还为他们剪纸招魂，镇惊压吓。接着，孙宰一家又准备了丰盛的晚餐，让饥寒交迫的杜甫一家十几天来第一次吃上了饱饭热饭。

一年之后，杜甫在他所作的《彭衙行》中，细致地描述了当时的这段经历：

忆昔避贼初，北走经险艰。

夜深彭衙道，月照白水山。

尽室久徒步，逢人多厚颜。

参差谷鸟吟，不见游子还。

痴女饥咬我，啼畏虎狼闻。

怀中掩其口，反侧声愈嗔。

小儿强解事，故索苦李餐。

一旬半雷雨，泥泞相牵攀。

既无御雨备，径滑衣又寒。

有时经契阔，竟日数里间。

野果充糇粮，卑枝成屋椽。

早行石上水，暮宿天边烟。

少留周家洼，欲出芦子关。

故人有孙宰，高义薄曾云。

延客已曛黑，张灯启重门。

暖汤濯我足，剪纸招我魂。

从此出妻孥，相视涕阑干。

众雏烂熳睡，唤起沾盘餐。

誓将与夫子，永结为弟昆。

遂空所坐堂，安居奉我欢。

谁肯艰难际，豁达露心肝。

别来岁月周，胡羯仍构患。

何当有翅翎，飞去堕尔前。

在这兵荒马乱的时候，孙宰还能够这样盛情地款待杜甫一家，表现出质朴热忱的心肠，实在令人感动。《彭衙行》虽然写的只是杜甫一家的经历，但不啻为一幅动乱年代的流民图。战乱给天下百姓，也给诗人一家带来了深重的苦难。此时，诗人已经走入到难民的队伍之中，他的遭遇与普通百姓没什么区别了。

（四）

在同家洼休息几天后，杜甫带着家人又继续向前赶路，经过华原县（今陕西耀县东南），到达了境内有三条大河交会的三川县（今陕西富县以南）。

自从出了华原，杜甫一家连日来都行走在寂寥无人的山谷中。一路上暴雨连连，山洪倾泻，天地之间仿佛只剩一片汪洋。遭遇如此凶猛的洪水，领着一家人行走在山崩海啸的洪水边上，杜甫的精神真是无比紧张。

天空的雷电没完没了地聚集，泥泞的道路越来越难走，杜甫攀缘在没有落脚之处的泥滑的石壁上，小心翼翼地牵扶着家人穿越险境。这样艰难的经历让杜甫又想起了那些跟他一样在山野之间流亡的人们。这样恶劣的天气，这样的生存条件，不知道要有多少人因此而丧命啊！

就在杜甫全家正于风雨洪水之中艰难跋涉时，756年6月12日夜里，唐玄宗瞒着朝中文武大臣和长安的黎民百姓，带着他的妃嫔、贵戚及宠信的官宦等一干人马，以御林军护驾，最先抛弃了国都长安，向西逃去。6月20日，长安沦陷。

玄宗一行人在逃至兴平县的马嵬驿时，护卫部队的将士们又累又饿，心怀怨气。他们想到那让天子沉溺昏庸、导致这一场浩劫的杨国忠（安禄山反叛的借口便是奉旨诛讨杨国忠），决定发动兵谏。全军上下气愤不已，首先杀掉了杨国忠，随后又杀掉了他的儿子以及杨贵妃的姐姐秦国夫人和韩国夫人，并胁迫玄宗缢死了杨贵妃。

马嵬驿事件发生后，玄宗带着眼泪继续向西南逃去，太子李亨留在关中主持军事。7月初，身边不满30名文武官员的太子在灵武即位，改元至德。这就是后来挽救了大唐国运的唐肃宗。

唐肃宗留在关中不再逃跑、着手整顿天下的行为不仅深得民心，对失去依傍的文武官员也是一个有力的号召。不少文臣武将都纷纷为唐肃宗出谋划策，听候这位新皇的指挥，意图重新整顿大唐基业。

乱世是个各种机会都和着危险展开的时代，许多人都希望能因此而改变自己的命运。杜甫也是如此。他一方面希望能对陷于灾难中的国家尽一份责任，一方面也觉得天子的周围比较安全。

7月中旬，杜甫一家好不容易走过洪水滔天的三川地界，来到鄜州，并将家安置在鄜州的羌村。在这里，杜甫得到了太子在灵武即位的消息。本来对前途、对国运不敢抱太多幻想的诗人，郁闷的心间忽然又升腾起一股新的希望。他希望新天子能够光复大唐旧土，也希望自己能够为这危难中的国家出一份力。

因此，杜甫在羌村稍事休息后，便于8月洪水落后只身北上延州（延安），想走出芦子关（陕西横山县附近），投奔灵武。

而此时，胡人的势力已蔓延到北方，鄜州一带很快便陷入混乱状态。杜甫刚出发不久，就在途中被胡人抓住了，并被当成一个普通的俘虏押回他刚刚逃出不久的国都长安。

杜甫6岁时，见到公孙大娘舞"剑器"，到晚年仍然记忆犹新。"剑器"是西域民族的一种戎装舞蹈，动作刚劲，节奏火爆。公孙大娘是当时最优秀的舞蹈家。伴随着有力的音乐，她忽而从天降落，光彩夺目；忽而拔地而起，凌空飞舞。当时的情景是万人空巷，掌声雷动，矮小的杜甫挤在人群中，忘情欢呼。多年后，杜甫特赋诗纪念当时的情景。而这种激昂顿挫的舞姿对以后杜甫诗歌的创作风格也起了一定的启发作用。

第七章　长安春望

安得广厦千万间，大庇天下寒士俱欢颜。

——杜甫

（一）

再次回到长安的杜甫发现，刚刚两三个月，原本雄壮整饬的京城已完全失去了它往日的繁华面目：旧日统治者的宫殿府邸，有的被焚烧，有的住满了胡人；宗室嫔妃及跟随玄宗西逃的官员们留在长安的家属，都一批批地被杀戮，血流满街。而胡兵胡将则庆祝成功，把御府中多年从民间搜刮得来的珍宝用骆驼运往范阳。

走在满目疮痍的长安大街上，诗人无比哀叹眼前所发生的一切。他用自己的眼睛和笔记录下这时代的灾难——也正是从这一时期开始，杜甫创作了许多被后人称之为"诗史"的诗篇，标志着中国诗歌史上杜甫时代的到来。

比如，诗人在《哀王孙》中写道：

长安城头头白乌，夜飞延秋门上呼。
又向人家啄大屋，屋底达官走避胡。
金鞭断折九马死，骨肉不待同驰驱。
腰下宝玦青珊瑚，可怜王孙泣路隅。

问之不肯道姓名，但道困苦乞为奴。

已经百日窜荆棘，身上无有完肌肤。

高帝子孙尽隆准，龙种自与常人殊。

豺狼在邑龙在野，王孙善保千金躯。

不敢长语临交衢，且为王孙立斯须。

昨夜东风吹血腥，东来橐驼满旧都。

朔方健儿好身手，昔何勇锐今何愚。

窃闻天子已传位，圣德北服南单于。

花门剺面请雪耻，慎勿出口他人狙。

哀哉王孙慎勿疏，五陵佳气无时无！

　　在这首诗中，杜甫对平民百姓充满了深厚的感情，对那些落难的王孙也充满关切之情，这是诗人仁爱思想的具体体现。诗中虽然只写了一位王孙的遭遇，却能以大见小，真实地展现出当时长安城中的血腥气氛，而对玄宗仓皇逃跑，连自己的骨肉都弃之不顾的举动，也给予了一定的讥讽。末尾处对肃宗的称颂，在很大程度上也体现了当时天下百姓的希冀。

　　困居长安期间，杜甫白天还可以四处走动来打发时间；到了晚上，他便开始思念远方的妻儿。在一个月色皎洁的夜里，诗人仰望天空的皓月，写下了这样一首深情的诗歌：

今夜鄜州月，闺中只独看。

遥怜小儿女，未解忆长安。

香雾云鬟湿，清辉玉臂寒。

何时倚虚幌，双照泪痕干。

——《月夜》

身居京城的杜甫常常思念家人，但也十分关注平乱形势的发展。当玄宗在临危之时领着他的左右亲近逃离长安后，长安附近的人民便自动组织游击队伍反抗打击胡人。这里受到挫折，那里又重新起来，从而使胡人的势力范围逐渐减小。

自从太子李亨即位后，长安的人们便一直相传新皇已经北收众兵，不日将攻克长安。长安士民日夜期望，有时甚至会突然相互惊呼道：

"天子的大军到了！"

于是众人四散奔走，市内为之一空。

这种形势令长安城内的叛军也惶恐不安，一见北方尘起，就辄惊欲窜。

不久，郭子仪和李光弼等率领着牵制胡人后方、在河北收复了许多郡县的朔方军回到灵武，唐肃宗这才获得一批真正意义上的军队。虽然有朔方之众，但肃宗仍考虑向其他部族借兵，于是遣使到回纥请兵。随后，肃宗又在朝中大臣李泌的建议下，屯兵彭原（甘肃宁县），进而向凤翔挺进。

（二）

至德元年（756年）10月，宰相房琯上疏请求率众收复京都，肃宗同意了。但房琯本是一介书生，对军旅战事并不熟悉，把行军打仗也看得过于简单。

10月21日，当房琯率兵与叛军安守忠在咸阳的陈陶斜交战时，竟仿效古代车站之法，以2000辆牛车居中，左右两侧布置骑兵与步兵进攻。叛军见状，顺风鼓噪，声震于天，唐军战牛皆被惊扰，四处乱奔，早已没了阵容。接着，叛军趁机放火，顷刻间群牛狂奔，人畜大乱。一天之内，唐军死伤4万余人，仅有数千人逃了回去。

两天后，肃宗派人催战，房琯再次率余部与叛军展开激战，又遭大败。

消息传到长安，长安百姓捶胸顿足，悲痛不已。而诗人杜甫也写下两首诗，其中一首为《悲陈陶》：

> 孟冬十郡良家子，血作陈陶泽中水。
> 野旷天清无战声，四万义军同日死。
> 群胡归来血洗箭，仍唱胡歌饮都市。
> 都人回面向北啼，日夜更望官军至。

另一首为《悲青坂》：

> 我军青坂在东门，天寒饮马太白窟。
> 黄头奚儿日向西，数骑弯弓敢驰突。
> 山雪河冰野萧瑟，青是烽烟白人骨。
> 焉得附书与我军，忍待明年莫仓卒。

这首诗没有具体描写战斗的过程，而是描写唐军失败后血流成河、尸横遍野的惨状，重点突出了"悲"的气氛，同时也表现了诗人对官兵的失败感到非常悲痛，对叛军气焰的嚣张表示了极大的愤慨。

然而，诗人虽然与长安百姓一样，急切地盼望着唐军能够尽早收复长安，但又不希望唐军仓猝行事，造成巨大的牺牲。因此，这首诗也劝诫官兵们要谨慎作战，最好能积蓄力量，待机而动，以最小的牺牲赢得这场战争的胜利。

这一年的冬天，沦陷的长安城如死一般寂静，忧伤孤独的杜甫在身心双重的寒冷中煎熬着。在这艰难的境地中，诗人不禁吟道：

战哭多新鬼，愁吟独老翁。

乱云低薄暮，急雪舞回风。

瓢弃樽无绿，炉存火似红。

数州消息断，愁坐正书空。

——《对雪》

不知不觉中，新一年的春天到来了。然而，眼见的山河依旧破碎不堪，春回大地也未能拂去长安城的满目荒凉，诗人不禁又触景生情，发出深重的感慨与忧伤：

国破山河在，城春草木深。

感时花溅泪，恨别鸟惊心。

烽火连三月，家书抵万金。

白头搔更短，浑欲不胜簪。

——《春望》

此时的杜甫还不知道，这新的一年，即至德二年（757年），国家和他自己的命运都将发生一个巨大的转机。

（三）

757年正月，叛军内部发生混乱，安禄山被他的儿子安庆绪与严庄、李猪儿合谋杀死。2月，唐肃宗从彭原南迁凤翔。

凤翔在长安的正西面，相距只有200里左右。长安百姓见唐军已经逼近，都以为克复长安指日可待。杜甫也认为灾难即将过去，但他等了许久，也没什么动静。到了4月，望眼欲穿的杜甫决定只身一人前往朝廷临时驻地凤翔。

经过一番勘察，4月的一个凌晨，杜甫启程了。他趁着晨雾和树丛的掩护，从长安外郭城西面的金光门逃出沦陷区，沿着崎岖的山路穿过两军对峙的前线，直奔凤翔。

这次出奔，杜甫是冒着生命危险的，因为当时有一股胡人正在安守忠与李归仁的率领下从河东打到长安的西边，屯兵清渠，与郭子仪军相持。杜甫在穿越两军对峙的前线时，不能走大路，只能在山林间选择崎岖无人的小道前进。

一路上，杜甫都十分担心自己会再被胡人捉住。直到望见太白山上的积雪，快到武功时，他才渐渐松了一口气。

武功山层峦叠嶂，郁郁葱葱。而不远处，杜甫已经可以望到凤翔的景象了：宫舍鳞次，营帐井然，各色旗幡在阳光下迎风飘扬，时而还能看到忙碌的百官身影，不时地还能听到骑兵们的战马发出的阵阵嘶鸣，颇有一番中兴的气象。这些景物，让诗人倍感振奋。

到达凤翔时，杜甫身上的旧衣服因在山野间行走已被荆棘刺得稀烂，衣袖破得连胳膊肘都露出来了，脚上则穿着一双破旧的麻草鞋。

一些杜甫以前的熟人看到这位从长安城里逃出来的诗人，望着他那憔悴黑瘦的面容，都极为惊讶，同时也十分赞叹他的勇气和毅力。

回想起一路上的艰辛危险，杜甫的心中万分感慨。为此，他特意作诗《自京窜至凤翔喜达行在所》三首，抒发了自己的感慨之情：

其一

西忆岐阳信，无人遂却回。

眼穿当落日，心死著寒灰。

雾树行相引，连山望忽开。

所亲惊老瘦：辛苦贼中来。

其二

愁思胡笳夕，凄凉汉苑春。

生还今日事，间道暂时人。

司隶章初睹，南阳气已新。

喜心翻倒极：呜咽泪沾巾。

其三

死去凭谁报，归来始自怜。

犹瞻太白雪，喜遇武功天。

影静千官里，心苏七校前。

今朝汉社稷，新数中兴年。

　　肃宗皇帝闻讯后，亲自接见了杜甫，杜甫还是穿着自己那一身破衣烂衫拜见了皇帝。肃宗为诗人这种忠心耿耿、坚贞不渝的精神所感动。因为当时自各地沦陷区奔赴行在的官员并没多少，前来的大多也都是前朝的中高级官员或是附近地区的地方官。像杜甫这样身处沦陷区，官位很低，而又能不畏艰险地奔赴行在的，的确是难能可贵的。

　　唐肃宗见到杜甫后，对杜甫的行为颇为赞许。757年5月16日，肃宗授予杜甫左拾遗官职。

　　左拾遗是个"从八品上"的谏官，职责是供奉皇帝。当发现皇帝的命令有不便于时、不合于理的，就提出意见，同时还有举贤荐能的责任。所以，这一职位的官阶虽然不高，但位置却很重要，是一个能发挥自己政治主张的职务。

　　杜甫对天子的厚恩十分感激，他几乎是流着眼泪接受这一职务的，而且也准备毫不懈怠地履行自己的职责，为大唐的复兴尽自己最大的努力。

第八章　官场失利

读书破万卷，下笔如有神。

——杜甫

（一）

自从前一年8月告别妻儿，到现在谋得官职，杜甫已经有快一年的时间没有家人的消息了，这让他的心中十分挂念。现在，杜甫新任左拾遗，在皇帝身边做事，生活总算安稳下来。可是，自己的安稳却使他更加担心和思念生活在水深火热之中的家人。他多么希望能回去看一看，哪怕就看一眼，对他来说也是一种巨大的安慰啊！可是他刚刚上任，责任重大，根本无法即刻返回。

想到这些，诗人内心无法平静，遂作《述怀》一诗，表达自己思念亲人的心情。诗曰：

去年潼关破，妻子隔绝久；
今夏草木长，脱身得西走。
麻鞋见天子，衣袖露两肘。
朝廷愍生还，亲故伤老丑。
涕泪授拾遗，流离主恩厚。
柴门虽得去，未忍即开口。

寄书问三川，不知家在否？

比闻同罹祸，杀戮到鸡狗。

山中漏茅屋，谁复依户牖？

摧颓苍松根，地冷骨未朽。

几人全性命？尽室岂相偶？

嶔岑猛虎场，郁结回我首。

自寄一封书，今已十月后。

反畏消息来，寸心亦何有！

汉运初中兴，生平老耽酒。

沉思欢会处，恐作穷独叟。

这首诗极其细腻地抒发了诗人对家人的思念之情。杜甫曾给家人寄过两封信，但却一直没有回音，不知家人是否还在。听说叛军一直都滥杀无辜，连鸡狗都不放过，那么家人的性命就更让人担忧了。而诗人通过这首诗所表现出来的心理活动，也生动地记录了这场动乱在人们心中投下的巨大阴影。

虽然对家人千般挂念，百般担心，生怕他们遭遇不测，留下自己一个孤老头子在世上，但刚刚上任的杜甫又不忍心开口请假回去探亲。他要以忘我的工作来回报天子的知遇之恩，珍惜自己好不容易才得到的这个政治机遇。

左拾遗这个经常在天子身边出入的清要之职，能随时将自己的意见和建议说给天子听。如果是个善于揣摩天子意思的人来担任这个官职，说不定这就是飞黄腾达的开始。但杜甫却是个直爽之人，做任何事都听凭良心，性格上也有着与生俱来的坚持，不会变通，不喜依违。所以，尽管他很尽职尽责，但上任没多久，他就被卷入了一场政治纷争中。这件事一直影响到他后半生的生活。后来他寄居秦州，滞留西蜀，都与这件纷争有着直接或间接的关系。

（二）

唐肃宗的宰相房琯，河南人，是武后朝时宰相房融之子。房琯少年时期曾在河南刻苦读书，可能与杜甫是旧识。

后来，房琯在做地方官时，能够兴利除弊，对百姓比较爱护，这与杜甫的人道主义思想比较接近。安史之乱爆发后，玄宗仓皇出逃时，他又闻风追赶，一直护驾到西蜀。被玄宗派到肃宗处，并被肃宗任命为宰相后，他不贪图享受，自请领兵作战，虽然后来因缺乏军事谋略而失败，但至少也说明他是一个颇为忠贞自律的官僚。

但是，房琯却是个崇尚虚名的人，好发一些不切实际的议论，又性直快言，嫉恶太甚，与朝廷中的一些官僚不和，如贺兰进明、崔圆等。而这些人又喜欢在个人利益上作打算，与房琯积怨较深，因此经常在肃宗面前说房琯的坏话。这样一来，肃宗也开始渐渐疏远房琯。

房琯见状，便常称病请假，不理政务，终日只谈论佛家的因果与道家的虚无；同时，他又嗜好鼓琴，爱听琴工董庭兰弹琴。朝官们要见房琯，都要通过董庭兰才行。而董庭兰则趁机大肆招纳货贿，作为朝官与房琯会面的媒介，更构成了他的罪名。

至德二年（757年）5月，唐肃宗便借房琯门客董庭兰收受贿赂的由头，免去了房琯宰相的职位，将其降职为太子少师。

而杜甫在受命左拾遗时，正是房琯事件发展到最紧张的阶段。杜甫只看到房琯青年时享有盛名，而没有看到房琯不切实际的工作态度，同时，他觉得门客受贿，座主受过，这个理由无论如何是说不过去的。因此，他就执行自己左拾遗的职权，不顾生死，向肃宗上疏，请求赦免房琯。

当肃宗读到杜甫那言辞激烈、书生气十足的谏疏后，勃然大怒，命令颜真卿等人马上审讯杜甫，意下是当他为房琯一党。幸好新任宰相张镐怜悯杜甫为新手，不会趋附，才引来祸端。所以，张镐就对肃宗说，如果将杜甫问罪，恐怕天下言路就会因此而堵住，不利于贤臣上疏议事。

处于中兴时期、急需臣僚效力以恢复天下的肃宗只好做出大度的姿态，表示宽容杜甫的冒犯。但是，此后肃宗就不大理睬杜甫了。而杜甫在"谢罪表"中虽然表示了对肃宗不杀之恩的感谢，承认自己"智识浅昧，向所论事，涉近激讦，违忤圣旨"，但实际上还是为自己的行为作出了表白和辩解，认为自己并没有大错，只是措辞过于激烈而已。从这一点来看，杜甫实在缺乏官场上所需的圆滑。

这件事给杜甫带来了很深的遗恨。他早有大志，要辅佐君主，为国为民效力。在长安奔波10年，他一直都穷困潦倒，得不到施展才华的机会。现在好不容易有了机会，却在他忠于职守、直言极谏时，不仅没有得到皇帝的理解和接纳，还致使龙颜大怒，诏三司推问自己的罪责，虽然最后得到了宽恕，但罪罚却是抹不去的，这实在令杜甫感到惶恐。

杜甫为人正直，处世公正，但他的至诚至爱不但没有得到肯定和赞许，反而还给自己招来了祸患，这让他无论如何都想不通。这个令他遗恨的问题，也一直缠绕了他很多年。晚年时期，他在《祭故相国清河房公文》和《秋日荆南述怀三十韵》等诗中，都一再提及此事，称自己"伏奏无成，终身愧耻"。

（三）

上任3个月以来，杜甫一直都在自己的职位上兢兢业业，时刻念及两京沦陷和人民疾苦。但是，肃宗却越来越将这个拾遗当成一个令人不太愉快的人物了，但又不好把这个忠于职守、无错可问的迂人怎样。

于是这年8月，肃宗做了个顺水人情，准许杜甫离开凤翔，回鄜州探望妻子。肃宗为此还亲制墨书，以示杜甫必行无疑。

这种过于郑重其事的行为也让杜甫嗅到了其中不寻常的味道，因此在告别酒宴上的诸位朝官时，他带着明显的伤感。临行前，杜甫的心中也充满了犹豫、紧张与担忧，以致久久不能走出行在大门。他对中书舍人贾至、给事中严武及补阙岑参等人写下了一首诗，表达了自己的心情：

> 田园须暂住，戎马惜离群。
> 去远留诗别，愁多任酒醺。
> 一秋常苦雨，今日始无云。
> 山路时吹角，那堪处处闻？
>
> ——《留别贾严二阁老两院补阙》

随后，在上朝辞行之后，杜甫便带着一颗惴惴不安的心离开凤翔，向北行去。此时，长安西北部已经整个控制在官军手中了，朝廷正在积极准备收复长安，因此杜甫回家途中没有再冒太多风险，只是因为公私马匹都被征集到军队当中，杜甫连一匹能骑着回乡的马都没有。

然而，从凤翔到鄜州有700多里路，光靠走路是无法回去的。杜甫无奈，只好向将军李嗣业写诗借马：

> 明公壮年值时危，经济实藉英雄姿。
> 国之社稷今若是，武定祸乱非公谁。
> 凤翔千官且饱饭，衣马不复能轻肥。
> 青袍朝士最困者，白头拾遗徒步归。
> 人生交契无老少，论交何必先同调。
> 妻子山中哭向天，须公枥上追风骠。
>
> ——《徒步归行》

李嗣业将军对杜甫深表同情，遂借给他一匹马，杜甫才得以骑马回乡。

跋山涉水走了700多里路后，杜甫终于回到了羌村的家中。当杜甫风尘仆仆地站在家人面前时，妻子和孩子简直是又惊又喜。邻居们听说杜甫回来了，也都挤在墙外观望，为诗人一家的悲喜离合而感慨流泪。

在经历了一年的离别之后，诗人也是百感交集，遂写诗道：

> 峥嵘赤云西，日脚下平地。
> 柴门鸟雀噪，归客千里至。
> 妻孥怪我在，惊定还拭泪。
> 世乱遭飘荡，生还偶然遂。
> 邻人满墙头，感叹亦歔欷。
> 夜阑更秉烛，相对如梦寐。

——《羌诗三首》之一

这首诗描写了自己刚刚到家时的情景，真实地写出了一家人团聚时那种极其复杂的心情。

（四）

杜甫此次奉诏回家，实际是肃宗为了疏远他，才找了个借口打发他离开凤翔。而值此国家危难之际，正是臣子竭诚效力之时，困守家中，无疑就是苟且偷生。一想到这些，杜甫就感到十分烦闷。因此，当与家人重逢的惊喜淡化后，他便又开始盘算着重返朝廷的事了。

孩子们似乎体会到了父亲心中的那种不快情绪，他们都安静地依偎在父亲身边，担心父亲再次离开他们。杜甫怎能不知道孩子们的心思呢？但自己的心事又怎么才能让他们理解呢？

　　看着北风已起，想到年时已晚，岁月无多，又想到家中缺少御寒的用具，杜甫不禁百忧煎心，难以自拔。好在这时秋禾已经收获，家中的酒已经酿好，爱酒的杜甫便尽情斟饮，用酒来安慰自己的烦闷心情。

　　尽管遭逢乱世，村里那些淳朴善良的父老乡亲们的生活都十分艰辛，但他们还是三五成群地带着自家酿制的酒和粗糙的食物来看望杜甫这位远方来的客人。

　　看到这些在灾难中仍不失仁慈之心的父老们，杜甫被深深地感动了。他感激他们的深情，同时也为他们的境遇长歌当哭，喟然长叹，引得父老们涕泪纵横。通过与这些乡亲们的相处，杜甫也坚定了自己的民本思想。后来，他对那些出去做地方官的人都殷殷嘱咐，希望他们关注民瘼，轻徭薄赋，表现出比儒家思想更加深厚的爱心。

　　乡村的生活虽然贫困，但却宁静，尤其是秋夜里，更是万籁俱寂。然而，夜晚望着天空的秋月，听着村中偶尔传来的几声犬吠，诗人的内心却汹涌澎湃。他想起自己这几个月的经历，思绪万千。从凤翔到羌村，这一路上看到的各种景象，一路上产生的各种感受，都在他的心头浮动，断断续续的诗句也在他的脑海中萦绕。

　　迎着簌簌的秋风，对着寂静的夜色，终于，杜甫一生当中的第一大篇——全诗共140句的《北征》完成了。

　　《北征》是可以与《自京赴奉先县咏怀五百字》相媲美的一首名篇，这两首诗也成为杜甫的代表作。它们有一定的相同之处，那就是诗人都用高度写实的技巧写出了旅途中的经历与家境的贫寒。但也有不同之处，那就是《自京赴奉先县咏怀五百字》叙述了安史之乱之前人民生活的疾苦及社会矛盾的尖锐化；而《北征》则表达了诗人对当前局势的意见，认为自己的军队如果调度合宜，就会有充分的力量收复两京，恢复中原。

　　另外，《自京赴奉先县咏怀五百字》这首诗还用了自然平易的语言，读者容易理解；而《北征》的诗句比较艰深，不是人人都能理解的。虽然如此，《北征》中所叙述的诗人在回家时家庭情况的那一段，相信每个读者在读了后，都会惊讶于杜甫具有怎样一种卓越的写实才能啊！诗曰：

况我堕胡尘，及归尽华发。

经年至茅屋，妻子衣百结。

恸哭松声回，悲泉共幽咽。

平生所娇儿，颜色白胜雪。

见爷背面啼，垢腻脚不袜。

床前两小女，补缀才过膝。

海图坼波涛，旧绣移曲折。

天吴及紫凤，颠倒在裋褐。

老夫情怀恶，呕泄卧数日。

那无囊中帛，救汝寒凛栗。

粉黛亦解包，衾裯稍罗列。

瘦妻面复光，痴女头自栉。

学母无不为，晓妆随手抹。

移时施朱铅，狼藉画眉阔。

生还对童稚，似欲忘饥渴。

问事竞挽须，谁能即嗔喝？

翻思在贼愁，甘受杂乱聒。

新归且慰意，生理焉得说！

……

第九章　被贬华州

　　无边落木萧萧下，不尽长江滚滚来。

——杜甫

（一）

　　杜甫虽然身在鄜州，但心系朝廷。至德二年（757年）8月，胡人曾袭击凤翔，但未成功。9月，唐肃宗的长子李俶和郭子仪率兵15万进攻长安，还有4000多名强悍善战的回纥兵也协助唐军作战，由回纥怀仁可汗的儿子率领。

　　杜甫在鄜州的荒村听到这个消息后，感到无比兴奋。他好像已置身于长安人民中间，准备着欢迎唐军的到来。为此，欢喜异常的杜甫提笔写下了《喜闻官军已临贼境二十韵》一诗：

　　　　喜觉都城动，悲怜子女号。
　　　　家家卖钗钏，只待献香醪。

　　9月28日，唐军打败胡人，收复长安。10月18日，唐军又克复洛阳。10月23日，肃宗回到长安。听到这一消息后，杜甫又满怀喜悦地写下了《收京三首》。

　　11月，杜甫携带家眷离开鄜州，返回长安。此时的杜甫，心中充满喜悦，一路上所见之景在他看来也都呈现出一幅太平的气象，这与当时仓皇北逃、惊惶悲苦的情境形成了鲜明的对比。

返回长安后，杜甫继续担任左拾遗。这一次，他首先体味了老朋友、画师郑虔被贬的惨然感受，原因是郑虔曾被安禄山任命为水部郎中。虽然他一直装病没有就任，但还是没有逃脱被贬黜的命运。

杜甫刚到长安不久，满头白发的郑虔便启程奔赴多山临海的台州。由于走得仓促，他都没有机会与杜甫话别。当得知郑虔已走的消息后，杜甫非常难过。在杜甫看来，这位曾共同饮酒、共同高歌的老朋友只有老死台州，二人不会再有机会见面了。

于是，那些没能见面说出的话便集中在杜甫的一首诗中，表达了杜甫对这份友谊的珍重和对老友的同情与思念：

> 郑公樗散鬓成丝，酒后常称老画师。
>
> 万里伤心严谴日，百年垂死中兴时。
>
> 仓皇已就长途往，邂逅无端出饯迟。
>
> 便与先生应永诀，九重泉路尽交期。
>
> ——《送郑十八虔贬台州司户伤其临老陷贼之故阙为面别情见于诗》

在中兴气象已显的好日子，在大批功臣、朝官受到犒赏的好日子，年老无辜的郑虔却不得不离开长安，以戴罪之身，奔赴自己冷落寂寞的长途。杜甫想起老友那白发如丝的老态，曾得到玄宗皇帝称赞的精良画艺，而今却落得这般结局，顿感痛心不已。

转眼到了乾元元年（758年）春天，仍任左拾遗的杜甫生活比较闲适。这时，杜甫与中书舍人贾至关系比较密切。当时玄宗传位给肃宗的册文就是贾至所写，因此他甚得肃宗信任。

一天，贾至往大明宫上朝，欣然写下《早朝大明宫呈两省僚友》。此时的王维官为太子中允，岑参为右补阙，与杜甫同在朝中为官，便一起作诗唱和。杜甫作了《奉和贾至舍人早朝大明宫》，诗中的"五夜漏声催晓箭，九重春色醉仙桃。旌旗日暖龙蛇动，宫殿风微燕雀高"等句，将新朝中的景色描写得一派升平，欣欣向荣。尤其是后两句，手法流畅，珠圆玉润，在宫廷诗中堪称上乘。

回到长安之后的杜甫，生活中虽然也有各种不尽如人意的地方，但心情相对平和了很多。因此，他也写了一些诗篇记录了这一时期的生活，如《腊日》中写道："还家初散紫宸朝。"《紫宸殿退朝口号》中写道："昼漏希闻高阁报，天颜有喜近臣知。宫中每出归东省，会送夔龙集凤池。"在《题省中院壁》中，诗人不仅描写了省中"落花游丝白日静，鸣鸠乳燕青春深"的情景，也写出了自己的一片"纯臣心事"："腐儒衰晚谬通籍，退食迟回违寸心。衮职曾无一字补，许身愧比双南金。"

（二）

事实上，这时的杜甫也不是没有感觉到肃宗对他的态度冷淡。除了官冷无用和衰老的感受，他这时更经受着官微俸薄，即贫穷的困扰。因此，当他处于比较松弛的私人环境中时，心里的委屈和冷淡感受也会寻机发泄。

比如初春的一天，在曲江边上，杜甫与朋友郑南史一起坐在柳条初芽、黄鸟啄花的沙滩上边饮酒边晒太阳时，便写下这样几句诗：

> 自知白发非春事，且尽芳尊恋物华。
> 近侍即今难浪迹，此身那得更无家！
>
> ——《曲江陪郑八丈南史饮》

在诗人眼中，春天虽然美丽，但老迈的自己却被排除在局外了——这是多么颓丧的感觉啊!

此时的杜甫还不知道,他更大的失意还在后头。当时,朝廷的政治局面并不像杜甫在颂诗中所称颂的那样太平。在看似一片升平的形势之下,也酝酿着深刻的危机。

是时,唐廷当中新旧两党,即随从玄宗的朝官和随从肃宗的朝官之间,矛盾日渐激烈。这主要表现为以皇后张良娣、宰相李辅国及阿附李辅国的副宰相崔圆为一派,与房琯、贾至和严武一派之间的矛盾。新贵容不得旧臣的政治地位。

而在长期不稳定的接班人身份中形成的好猜疑心态的唐肃宗,其容易摇摆的态度无疑又加剧了这一矛盾。这年春天,刚刚写过歌颂朝廷升平气氛的诗歌的贾至便由中书舍人被贬为汝州刺史,标志着这一冲突的表面化。

这件事不仅损伤了在册封肃宗过程中有过功劳的贾至的心,对杜甫等人也造成了一定的伤害。就像是一片叶子的凋落感觉到秋天的到来一样,杜甫那刚刚分沾到"皇恩"的欣喜心境也随之改变。这从他送别贾至时所写的诗歌中便可见一斑:

> 西掖梧桐树,空留一院阴。
> 艰难归故里,去住损春心。
> 宫殿千门隔,云山紫逻深。
> 人生五马贵,莫受二毛侵。

—— 《送贾阁老出汝州》

然而,还没等杜甫从这种悲伤的心境中走出来,不久后他就被作为房琯一党遭到了贬谪。

这年5月,被皇后张良娣与宰相李辅国合谋控制的唐肃宗,终于对排斥异己的新党一派明确表了态，将曾投降唐王室的史思明在4月的再次叛变归罪于现任宰相张镐，因而将张镐贬为荆州大都督府长史；将原宰相、现任太子少师的房琯逐出朝廷，贬为邠州刺史。同时被贬的还有所谓房党京兆尹严武、国子监刘秩等。

到了6月，曾与房琯交好的杜甫，也作为房琯一党被贬为华州（今陕西华县）司功参军，主要负责管理华州地方的祭祀、礼乐、学校、选举、考课等文教工作。从这次离开长安后，杜甫再也没有回到过长安。

这次离开长安时，杜甫的心境是十分凄凉的。他甚至不能"从容陪笑语"地供奉皇帝，觉得自己是个被遗弃的人。所以，他在金光门前写下这样的诗句：

> 无才日衰老，驻马望千门。
> ——《至德二载甫自京金光门出道归凤翔乾元初从
> 左拾遗移华州掾与亲故别因出此门有悲往事》

当时，杜甫只认为这次贬黜对他的仕途是一个打击，但他并未意识到，从此他将从那种狭窄的天地中解放出来，这对于他的诗歌发展是一个很大的契机。由此，他才得到机会，再次接触到战乱中的人民，认清时代的苦难，因而恢复并扩充了他那广阔的诗歌国土，从一个皇帝的供奉官回到人民诗人的岗位上来。

（三）

华州距离京城长安约180里，大概两天的时间就可以到达。当杜甫来到华州时，正逢7月的苦热天气，夜间蝎蝎出没，白天苍蝇乱飞，连饭都吃不下去，而文书又堆满案几，不容休息，杜甫一来就忙得不可开交。

虽然苦热的天气让杜甫很痛苦，但他在华州却处理了不少重要的文件：他替华州的郭使君写成了《进灭残寇形势图状》，陈述了敌我形势，唐军该如何避实击虚，剿灭盘踞在邺城的胡人；在《乾元元年华州试进士策问五首》中，他还提出在变乱中关于赋税、交通、征役、币制等需迫切解决的具体问题，表现了求实而有为的政治态度。

在其中，有一句话特别值得注意。杜甫说：

"欲使军旅足食，则赋税未能充备矣；欲将诛求不时，则黎元转罹于疾苦矣。"

这说明，杜甫此时已经看到了这场战争中政府和黎民百姓利益之间的对立性，而且黎民也是战争中首当其冲的受害者。

当时，两京刚刚收复不久，物价腾贵，一斗米要七千钱，长安市上的水酒每斗要三百青铜钱。大街上不是乞丐，就是饿殍。国家财政支出到了极点，朝廷想尽办法，甚至将官爵作为商品出卖，也解决不了当前的困难。

这年7月，唐肃宗采用御史中丞第五琦的建议，铸造了一当十钱的"乾元重宝"。第二年3月，第五琦任宰相，又铸了一当五十钱的新币，造成了贞观以来不曾有过的通货膨胀。

回纥最初在派兵帮助唐军反攻长安时，唐肃宗曾与回纥约定，若两京收复，土地人民归唐所有，金帛妇女都任凭回纥抢夺。所以打下洛阳后，回纥便在市井村坊间抢夺三天，搜刮走大批的财物。肃宗为酬答回纥的"功劳"，还把自己的女儿嫁给回纥，并每年送绢两万匹。

同时，吐蕃还趁着唐王朝边疆防务空虚，占领了西方的一些要塞。后来，大食（阿拉伯）也从海路登上南方海岸，围攻广州。所谓的大唐盛世，没几年的时间便从征服外族变为被外族侵略了。

这种民生凋敝、遭受侵凌的景象，杜甫只有在离开了皇帝的"天颜"时才能看清楚。他后来写了一首《洗兵马》，将当时的政治情况说得十分沉痛。在这首诗里，他称赞了郭子仪、李光弼、王思礼、张镐等人，并说在这些人的努力下，胡人是不难歼灭的。但另一方面，杜甫也写出了他不能忍受的一些事。他想到了那些无功受禄的官僚，写道：

> 攀龙附凤势莫当，天下尽化为侯王。

尤其是肃宗晚年与他的父亲一样，迷信神仙，国家的灾难还未消除，各地郡县便又争先恐后地呈现祥瑞了：

> 寸地尺天皆入贡，奇祥异瑞争来送。
> 不知何国致白环，复道诸山得银瓮。

而此时人民的生活却是：

> 田家望望惜雨干，布谷处处催春种。
> 淇上健儿归莫懒，城南思妇愁多梦。

这首诗反映出杜甫当时是完全站在人民的立场上，揭露了朝廷的昏庸与黑暗。

（四）

758年冬末，杜甫离开华州，返回洛阳看望家人。自从洛阳陷落后，杜甫已经有几年未回了。一路上虽然风尘弥漫，但杜甫的兴致很高。

当杜甫回到洛阳时，已经是第二年的春天了。虽然故园的花鸟依旧，但已是人烟断绝，眼前一片荒芜了。在洛阳，杜甫写了不少五言诗，如

《得舍弟消息》《不归》《赠卫八处士》等，其中有的反映了人民的疾苦，有的刻画了祖国险要的山河，是杜甫诗歌艺术里的一个伟大成就。而这一成就的高峰，则是他从洛阳返回华州路上所写的"三吏"和"三别"。

乾元二年（759年）正月，史思明再次背叛朝廷，于魏州（今河北大名）自称大圣燕王，并于2月引兵南下以救邺城之围。这时，郭子仪等九节度使率领20万大军围困邺城已有数月，肃宗以郭子仪、李光弼为元勋，故而军中不置元帅。由于缺乏统帅，邺城久攻不下。史思明引大军直抵城下，与唐军展开决战。

3月，唐军步骑60万在安阳河北摆开阵势，史思明亲率精兵5万前来应战。阵势尚未摆开，大风忽起，顿时飞沙走石，天昏地暗。两军大惊，唐军纷纷向南撤退，叛军则向北退去。郭子仪以朔方军断河阳桥，退保洛阳。唐军失利，洛阳百姓惊骇，纷纷逃入山谷。原来留守在洛阳的官员也纷纷逃往别处，诸节度使则各自带着残余溃回本镇，只留下郭子仪、王思礼坚守洛阳。一度缓和的形势再次变得紧张起来。

在这种形势之下，杜甫也只好匆匆离开洛阳，先至新安（今河南新安），再到石壕村（今河南陕县），经潼关回到华州。

一路上，但见兵荒马乱，民生涂炭。统治者为补充兵员，实行毫无章法的拉兵政策，不分青壮老幼，见到就抓。这让杜甫万分震惊，心中异常痛彻，遂将一路所见的拉兵惨象写入"三吏"和"三别"两组诗中。

其中，"三吏"是以地名命题的，依作者西行的路线，三首的次序依次为《新安吏》《石壕吏》和《潼关吏》；"三别"则以事件的形式命题，分别为《新婚别》《垂老别》和《无家别》。

这六首诗自成一组，是杜甫诗歌中的杰作，从白居易开始就不断被人称赞为诗歌的典范。它们继承了《诗经》、汉乐府的传统，影响了后代的进步诗人。这六首诗不只单纯地反映了人民的疾苦，也更深刻地表达了作者内心的矛盾和挣扎。这种矛盾并不像在长安时期的诗中所说的杜甫个人入仕与归隐两种心情的矛盾，而是在封建社会里一个爱人民、爱祖国的诗人在人民与统治者中间感到的剧烈的冲突。

此时，国家正遭受胡人的侵略，人民遭受胡人的摧残，要想拯救国家和人民，杜甫只有将一切希望都寄托在李氏朝廷上。在他那个时代里，他还不可能对帝王制度有所怀疑。然而，他所拥护的朝廷，平常就是剥削人民的；到了国难时期，却既不能发动人民抵御胡人，也不肯放弃自己的特权，反倒更加肆无忌惮地向人民搜刮物资，乱征兵役。这让杜甫这位正直的诗人感到极大的矛盾：若强调人民的痛苦，反对兵役，就无法抵御胡人；但人民在统治者的残酷压迫和剥削下到了无法生存的地步，他又不能不看、不说。

因此，"三吏"和"三别"中的六首诗与他在长安时期所写的《兵车行》也不同。《兵车行》是站在人民的立场，反对侵略战争。而现在的杜甫除了替人民诉苦外，还不得不考虑国家和民族所面临的严重危机。

总之，"三吏""三别"所写的人生酸楚事，以其血泪积蕴强烈地震动着善良人们的心，使人一经读起便终生难忘。也只有杜甫这样忧国忧民的诗人，在亲眼目睹了那样的乱离景象之后，才能写出这种催人泪下的诗来。

中国古代史籍浩如烟海，异常丰富，但其中记载的多是将相王侯的生平、宫闱政变、会盟征伐、郊庙祭祀等，对于各个时期普通百姓的生活、情感记录颇少。但杜甫却能真实而生动地描写这一时期普通百姓惨痛的生活状况和情感经历，使得无数身处动荡、困苦之中的百姓的实际情状有了真切而具体的记录。从这点上来说，杜甫的"三吏""三别"等诗歌享有"诗史"称号是当之无愧的。

第十章 弃官赴秦

尔曹身与名俱灭，不废江河万古流。

——杜甫

（一）

759年夏天，关内久旱无雨，田地里一片黄埃，造成了严重的灾荒。这时，史思明在相州打败唐军后，又杀掉安庆绪，回到范阳，自称大燕皇帝，准备攻取河南。而在东京道上，杜甫又亲眼看到了官吏对人民的残暴，对当时的政治也有了进一步的认识。这一切情形与他所希望的差距太远了，他觉得自己在华州做一个司功参军实在没什么意义。因此在回到华州后不久，杜甫便毅然放弃了这个职位。

相州败后，河南骚动，杜甫不能回洛阳的老家，但又没钱居住在生活昂贵的长安。这时，他的侄子杜佐在秦州东柯谷盖了几间草堂，他在长安结识的僧人赞公也在秦州西枝村开辟了几座窑洞，因此杜甫决定带着一家人到秦州居住。

立秋后，杜甫便带着家眷离开华州，走上西去秦州的漫漫征途。从此，他远离了唐肃宗，远离了唐朝廷，也永远地离开了漩涡险恶的政治中心。

秦州位于长安西面，相距近800里，是陇右道东部的一个大州。从京城前往秦州，必须翻越六盘山的支脉陇山，其山南北走向，从而划分开渭河平原与陇西平原。陇山高近千丈，山势陡峭，古人戍边行役，一向视其为畏途。然而，杜甫带着家人不畏艰难，翻越陇山，在一个秋风萧瑟的早晨来到秦州。

由于陇山的横隔，秦州当时算得上是离京师最近的一块平静之地。这一年，秦州的收成也比较好，而且侄子杜佐和僧人赞公也都在这里，杜甫可以得到他们的帮助。所以，杜甫便想在秦州寻找一个安静的居处，一个避难之所。

但想建造房屋也不是一朝一夕之事，杜甫便暂且在城里租了一所宅子住下来。这所民宅十分简陋，在《秦州杂诗》的第十七首中，杜甫专门写道：

> 边秋阴易夕，不复辨晨光。
> 檐雨乱淋幔，山云低度墙。
> 鸬鹚窥浅井，蚯蚓上深堂。
> 车马何萧索，门前百草长。

从这首诗所描写的境况也可以看出杜甫在秦州的生活状况。由于本来就不富裕，来到秦州后一时又没有生活来源，杜甫一家的生活日渐窘迫。杜甫来秦州是想依附于侄儿杜佐的，但杜佐的生活也不富裕。一个住在山谷中的农民，哪有力量满足杜甫这一大家子的衣食所需呢？

天气渐渐冷了，冬天的脚步依稀可闻。秦州地势较高，冷得也早，9月里人们就感到衣服的单薄了。杜甫一家穿着夏衣过深秋，自然感到寒不能禁，却又没钱购买秋装。《空囊》这首诗最能反映杜甫一家当时的生活困况：

> 翠柏苦犹食，明霞高可餐。

世人共卤莽，吾道属艰难。

不爨井晨冻，无衣床夜寒。

囊空恐羞涩，留得一钱看。

俗话说，"福无双至，祸不单行"，在生活如此艰难的情况之下，杜甫的疟疾又复发了。古人认为疟疾是鬼在作祟，每隔一天就要来搜刮一次脂髓，发作时五内增寒，犹如怀抱冰雪，冷得打战。

古人都很迷信，认为患疟疾者化了妆，潜伏在幽隙之处，就可以躲避虐鬼的纠缠。杜甫被疾病所苦，只好照办，穿上女人艳丽的衣服，又在脸上抹些脂粉，然后找个幽僻的地方躲起来。这幅装扮让他感到羞愧难当，不敢见人。虽说每次都不能免除病痛，可一旦疟疾发作起来，他还是要这样做，因为再无他计可施。"心微傍鱼鸟，肉瘦怯豺狼"，此时的杜甫已经身心俱弱了。

（二）

离群索居，贫病交加，杜甫在秦州住了3个月左右，实在住不下去了，便决定离开。然而"万方声一概，吾道竟何之！"（《秦州杂诗二十首》）天地茫茫，哪里才是诗人的安身之处呢？

就在杜甫走投无路之时，同谷县（今甘肃成县）县宰给杜甫送来一封信，邀请他到同谷去。

同谷位于秦州南面260多里处，气候温暖，物产也比较丰富，对于缺衣少食的杜甫来说，这自然有着很大的吸引力。因此10月的一天早晨，杜甫又携家人离开秦州，向南出发了。

一路上，诗人并没有忘记作诗，一路走，一路创作。第一首诗是《发秦州》，描写了一家人离开秦州的原因：

　　我衰更懒拙，生事不自谋。

　　无食问乐土，无衣思南州。

　　随着马车吱吱呀呀地行走，将秦州抛在后面，杜甫一家也觉得似乎永远告别了秦州的艰难生活：

　　　日色隐孤树，乌啼满城头。

　　　中宵驱车去，饮马寒塘流。

　　　磊落星月高，苍茫云雾浮。

　　　大哉乾坤内，吾道长悠悠！

　　尽管还不知到同谷后的生活如何，但杜甫一家人充满了希望，也充满了信心。

　　向南行走了7里之后，杜甫一家到达了一个名叫赤谷的地方。稍作休息后，又进入险峭的山路。这里的山风又大又冷，村落稀少，找不到吃的，孩子们都饿得直哭。纵然杜甫一家饱经战乱流离，走路不算难事，但杜甫还是心生畏惧。在杜甫看来，死在路上之所以可怕，倒不是因为惜命，而是怕被人当做笑料，嗤笑他。由此可见，杜甫是个十分爱惜面子的人。

　　一家人忍饥挨饿继续前行，进入到铁堂峡内。铁堂峡位于天水镇东北七八里处（天水镇位于秦州西南，两地相距约70里），峡的南北两口很窄而中间宽阔，有如厅堂；又因峡壁岩石色青如铁，故称铁堂峡。

　　铁堂峡巨大的山崖就像突然从厚地中错裂开一样，四周还长满了望不到边的修竹，半空中的山顶上还残留着白皑皑的积雪。一家人孤孤单单地走在这荒僻险峻的地方，实在是心惊胆战。杜甫不由得又想起自己这三年来都是如飘蓬一样四处奔波，心中深感忧郁沉重。

　　穿过铁堂峡后，一家人又越过盐井、寒峡、法镜寺、青阳峡、龙门镇、石龛等地，进入同谷界内的积草岭，直到同谷附近的泥功山、凤凰台。这一路上，诗人留下了一组12首生动纪实的诗篇，不仅描写了路途的艰辛，也尽情抒发了自己内心的种种感慨。

这一段艰难的旅程令杜甫心力交瘁，他不禁哀叹"旅泊吾道穷，衰年岁时倦"，年老迟暮，无路可走，浪迹求食，令他无比疲倦。好在心中还对同谷县抱着美好的希望，人疲马乏的他对那位答应给他寻找居所的新主人及僚友充满了感激。

然而，当杜甫一家风尘仆仆地来到同谷后，那位曾经美言相邀的"佳主人"并没有给予他任何援助，只不过是慕其诗名，虚邀而已，他并没料到杜甫竟然真的来了。

品性率直的杜甫历经千辛万苦远道而来，没想到希望却落空了，他又一次流落在陌生的偏邑——同谷是东邻陕西、南接巴蜀的一个小县。一家人在这里无钱无物，无家可居，境遇比在秦州时还要悲惨。

进退无路，在同谷县短暂停留后，杜甫想起在城东山谷中有一个寒儒名叫李衔，是自己的旧识。无奈之下，他只好冒昧前去相依。

然而，乱世中贫困的儒生也无力接济杜甫，只能与他对坐谈心，谈到乱世国事，无限伤感而已。

（三）

乾元二年冬天在同谷县生活的一个月，是杜甫真正的穷途末路，他写下了悲壮激烈的《乾元中寓居同谷县作歌七首》，慷慨放歌，长歌当哭，将他的遭遇与心声联翩吐发，令人读罢忍不住与他同声哭泣。

以前在秦州时，尚有侄子周济他们一家的生活，此时被逼上绝境，杜甫也不得不以48岁、白发飘垂过耳的衰病身体承担起养家活口的责任。由于没钱买食物，他只能跟随养猕猴的野人在同谷的山里捡拾橡树的果实，拿回家给一家人充饥。11月已经天寒日暮，他依然穿着短衣，被冻得手脚都生了冻疮，皮肤上也全是皲裂的痕迹。

橡实被捡完后，杜甫又手提木柄长铲到山中挖黄独（一种藤本植物，也称土芋）。这时山上已下过大雪，盖住了黄独的藤苗，而穿着盖不住足踝的短衣，更令杜甫感到冷彻骨髓。等他又冷又饿从野外回到家中时，看到的是一家老小都饿得瘫倒在床上。除了饥饿的呻吟声，什么都没有。绝望的生活令杜甫快发疯了，就连邻居看到这一家人的惨状，都忍不住为之落泪。

一家人在同谷实在无法生活了，于是决定离开此地。乾元二年（759年）12月，杜甫携儿带女离开同谷，奔赴成都，寻找新的安身之所。

从同谷到成都，沿途也是山险水恶，杜甫还没有看清汹涌的嘉陵江水，就已经听到它的咆哮了。站在高高的绝壁上，看着江水猛烈拍打两岸的岩石，杜甫不免为自己和家人的安全担心。

登上渡船后，船只随着江水起伏摇晃，杜甫感到恍恍惚惚，只觉自己正飘荡在天河之中：

> 畏途随长江，渡口下绝岸。
> 差池上舟楫，杳窕入云汉。
> 天寒荒野外，日暮中流半。
> 我马向北嘶，山猿饮相唤。
> 水清石礧礧，沙白滩漫漫。
> 迥然洗愁辛，多病一疏散。
> 高壁抵嶔崟，洪涛越凌乱。
> 临风独回首，揽辔复三叹。
>
> ——《白沙渡》

虽然感到紧张，但江上水清沙白、青崖碧浪的景色又让杜甫感到欣然。

杜甫一家在黄昏时渡过了嘉陵江，又在夜晚从水会渡口渡江。渡船载着诗人一家千回百转，出没在江浪之中，让杜甫仿佛感觉到自己掉入了水的世界。

渡江结束后，一家人又走上栈道。栈道是在悬崖峭壁之上凿孔架桥连阁而成的一种通道，它是古时由汉入蜀的必经之路。杜甫一家要到蜀地，就必须经过栈道。

这也是杜甫一生中最为危险的一段行程。他带领着一家老小，步履维艰地踯躅在云雾间这条生死线上，走过几截又长又险的路段，并用诗歌记录了惊心动魄的一幕幕。

在入蜀的栈道中，属龙门阁最为奇险。龙门阁即利州绵谷县（今四川广元）龙门山上的栈道。栈道凌空架在悬崖石壁上凿出的石窍中，万丈山岩陡峭直立，下临湍急的嘉陵江。走在栈道上，令人眼花头晕。杜甫的《龙门阁》一诗，就写出了这一栈道的险峻：

> 清江下龙门，绝壁无尺土。
>
> 长风驾高浪，浩浩自太古。
>
> 危途中萦盘，仰望垂线缕。
>
> 滑石敧谁凿，浮梁袅相拄。
>
> 目眩陨杂花，头风吹过雨。
>
> 百年不敢料，一坠那得取？
>
> 饱闻经瞿塘，足见度大庾。
>
> 终身历艰险，恐惧从此数。

石柜阁栈道是杜甫经历的最后一个栈道。过了石柜阁，栈道便走完了，杜甫一家人来到江边上的桔柏渡口（位于今四川广元县境内）。这个渡口上有竹索架起的长桥，此时江雾迷蒙，竹索桥被浸得又湿又滑，杜甫与家人相互搀扶着，走过摇摇晃晃的竹桥。

走过桥后，即将西行山路，与嘉陵江永别，杜甫不禁又生出恋恋之意："孤光隐顾盼，游子怅寂寥。"（《桔柏渡》）将江水视为自己的好友，临别时频频顾盼，预料到分别之后自己会感到寂寞。

与江水"分手"后，一家人继续向西南前行，不久就到了剑州的剑门山（今四川剑阁县东北25里处）。这里地形凶险，天下为最。杜甫路过此关时，作《剑门》一诗：

> 惟天有设险，剑门天下壮。
>
> 连山抱西南，石角皆北向。
>
> 两崖崇墉倚，刻画城郭状。
>
> 一夫怒临关，百万未可傍。
>
> 珠玉走中原，岷峨气凄怆。
>
> 三皇五帝前，鸡犬各相放。
>
> 后王尚柔远，职贡道已丧。
>
> 至今英雄人，高视见霸王。
>
> 并吞与割据，极力不相让。
>
> 吾将罪真宰，意欲铲叠嶂！
>
> 恐此复偶然，临风默惆怅。

过了剑门山，继续向西南方向行进，便抵达了鹿头山（今四川德阳北30余里），群山中断，千里阔野出现在眼前。险阻终于历尽，杜甫心情轻松了许多。

乾元二年年底的某个夜晚，杜甫一家终于到达了目的地成都。成都是当时天下闻名的大都市，然而杜甫想到以后可能要长期留在这里，不免又心生惆怅，感到有些无所适从。看到鸟雀夜里各有所归，而自己却越走越远，举目苍茫，不知何处才是故乡，不禁悲从心生。

第十一章　成都草堂

君看磊落士，不肯易其身。

——杜甫

（一）

初来成都，杜甫一家先在城西郊的草堂寺寓居了3个月。成都尹裴冕为杜甫一家提供了一些米粮，邻居的农民给他们送来一些蔬菜，日子将就过得去。闲居无事，杜甫会到寺中听讲佛法，或者看看书。

此时，诗友高适正在彭州（今属四川）任刺史。彭州在成都的西北方向，两地相距百余里。听说杜甫来到成都，高适特意作《赠杜二拾遗》一诗，向杜甫致以问候。

然而，借居寺院也不是长久之计。次年（即上元元年，760年）春天，在邻居和友人的帮助下，杜甫开始筹划建造草堂，地址就选在城郭西郊距离草堂寺3里远的浣化溪畔，百花潭北面。这里环境清幽，尘事不杂，杜甫十分满意，特作《卜居》一诗，以抒情怀：

> 浣花溪水水西头，主人为卜林塘幽。
>
> 已知出郭少尘事，更有澄江销客愁。
>
> 无数蜻蜓齐上下，一双鸂鶒对沉浮。
>
> 东行万里堪乘兴，须向山阴上小舟。

这首诗句句都在赞美草堂选址恰当，语言清丽流畅，反映出诗人久经动荡得以安宁之后的恬静安适的心情。

杜甫安下心忙着建造茅屋，并将其称为草堂。这时，他的一位在成都府任司马的表弟听说杜甫在建造草堂，特意来看望他，并送一些钱给杜甫作为建房之助，杜甫喜出望外。在客居他乡经历了一番人情冷漠之后，杜甫更为亲朋好友的盛情所感动。

经过两三个月的努力，草堂终于在暮春时节落成了。不仅杜甫自己欣庆自己有了一个安身之所，就连飞鸟语燕也在这里找到了新巢。从此，这座朴素简陋的茅屋就成为中国文学史上的一块圣地，人们在提到杜甫时，往往都会忽略掉他的生地和死地，但却总忘不了成都的这座草堂。

这座草堂远离尘嚣与战火，安静宜人，景色优美，"锦里烟尘外，江村八九家。圆荷浮叶小，细麦落轻花。"（《为农》）有如此称心的归宿，杜甫打算在此长住下去，终老于此。

草堂虽然简陋，但却不孤寂，周围散居着八九户人家。除了农家外，北邻还住着一个退隐的县令，为人风雅豁达，爱喝酒，能作诗，因此也时常来杜甫家中小坐。

南邻是一位朱姓隐士，家境清贫，日子过得很紧巴，但心肠却很好，杜甫经常会看到他拿些饭粒喂养阶前的鸟雀。与他熟识后，杜甫也会跟随他一起划着小船沿溪野游，彼此谈笑风生，好不惬意。

还有一位邻居是黄四娘，她的院子中种着成畦的花木，万紫千红，莺鸣蝶舞，一片生机，杜甫经常前去观赏。

剩下的几户人家，都是心地善良的农民，杜甫与他们来往也十分密切。农家时常会送他一些蔬果，他也常把自己种植的草药赠给他们。从《寒食》一诗中，便可看出杜甫与农民间建立起来的友情：

寒食江村路，风花高下飞。

汀烟轻冉冉，竹日静晖晖。

田父要皆去，邻家问不违。

地偏相识尽，鸡犬亦忘归。

　　在这期间，杜甫写了许多颇具安恬情味的田园诗，如《为农》《田舍》《江村》《暇日小园》《南邻》等，表现了诗人在草堂初建成时喜悦而恬静的心情。

（二）

　　就像眼前的浣花溪水时涨时落一样，隐居中的杜甫心情也时有起落。因为这时他除了依靠地方官吏和朋友的援助外，没有其他的经济来源。如果一时衣物供应不足，一家人就会再次受冻挨饿，而且这种情形本来就是难免的。

　　为了生计，杜甫不得不与周围的一些友人周旋。此时他们一家的生活虽然不像在秦州和同谷时那样饥寒交迫，但孩子们还是面色苍白，有时甚至饿得忿怒起来，喊着向父亲要饭吃，令杜甫无法应付。

　　初到成都时，杜甫仰仗一位故人分赠禄米。然而一旦这厚禄的故人书信中断了，一家人便免不了要挨饿。为解决吃饭问题，杜甫给唐兴县令王潜作诗《唐兴县令馆记》，随后也一再寄诗给他，希望王潜能给他一些周济；侍御魏某骑马前来给他送药，他也要作诗酬答。

　　这些都表明，草堂周围的农产物不足以养活杜甫一家人，杜甫仍然要——

强将笑语供主人，悲见生涯百忧集。

　　　　　　　　　　　　　　　　——《百忧集行》

虽然隐居草堂，生活也颇为艰难，但杜甫始终都在关注着国家的时局。上元元年（760年）4月，李光弼在河阳（今河南孟县）击败史思明。消息传来后，杜甫心情稍振，作诗言道：

> 洛城一别四千里，胡骑长驱五六年。
>
> 草木变衰行剑外，兵戈阻绝老江边。
>
> 思家步月清宵立，忆弟看云白日眠。
>
> 闻道河阳近乘胜，司徒急为破幽燕。

——《恨别》

可是杜甫的好梦并未做长，这年年底，史思明再次发动进攻，兵分数路南侵，形势又告紧急，杜甫还乡的希望也破灭了。他只好打算"渔樵寄此生"，偏居世外，安分地过着渔夫樵子的生活。

然而，灾难还不仅生于外患，蜀地的军阀也开始趁机作乱。上元二年（761年）2月，朝廷派崔光远代替李若幽为成都尹。4月，梓州（今四川三台）刺史段子璋举旗反叛，自称梁王。5月，崔光远率西川牙将花敬定攻克绵州，斩杀段子璋，平息了这场叛乱。自此，蜀地便军阀相攻，此起彼伏，毫无宁日。

这场战乱让杜甫深感痛心。对于在平叛中牺牲的将士，他作诗《苦战行》《去秋行》等予以哀悼；对恃功自傲、作威作福的崔光远，他也作诗《戏作花卿歌》《赠花卿》等予以讽刺，充分表达了自己鲜明的爱憎立场。

叛乱虽然平定了，但花敬定却仗着自己杀段子璋有功，开始在东川一带为非作歹。崔光远不能制止花敬定的暴行，不禁忧愤成疾，于761年10月死去。12月，朝廷派严武为成都尹，兼任剑南两川节度使。严武未到成都时，由高适代理一两个月。

在这期间，高适给予了杜甫一家很大的帮助。高适经常带着酒来杜甫的草堂，杜甫自愧没有饭菜招待，每次都只好劝高适多多喝酒。

762年春，严武来到成都。严武与杜甫是世交，两人曾同朝为官，同遭贬斥，在政治上属于同一派系。此时，严武的仕途稍有好转。他原被贬为巴州（今四川巴中）刺史，后来升为东川节度使（驻地梓州，今四川三台），又任御史中丞，由东川节度使转为西川节度使（驻地成都），因东川节度使空缺，也由他暂时代理。

既然与杜甫为世交，又是好友，来成都后，自然对杜甫的生活也给予了多方关照。严武当时37岁，杜甫50岁，两人虽然相差10多岁，但友谊深厚，严武经常到杜甫的草堂拜访杜甫，有时还会亲自携带酒肴。竹里行厨，花边立马，老友小酌，形成了一种难得的欢聚。

然而好景不长，这年4月，玄宗和肃宗先后死去，代宗（李豫，即李俶）即位，7月便召严武入朝，这让杜甫再次陷入孤单之中。

杜甫亲自将严武送到绵州，两人在绵州分别。在送别严武的诗中，杜甫也说到了他自己——

此生那老蜀？不死会归秦！

同时，他还勉励严武：

公若登台辅，临危莫爱身！

——《奉送严公入朝十韵》

（三）

送走严武后，杜甫在绵州逗留了几天。这时（即宝应元年7月），成都军阀、剑南兵马使徐知道忽然在成都谋反。一时间，成都腥风血雨，天昏地暗。徐知道还以兵守住要塞，人们无法通行，杜甫也无法返回成都，只得在四川东北各地流浪，开始了难中逃难的生活。

在绵州寓居期间，杜甫得知汉中王李瑀正在梓州任职。李瑀是唐玄宗的兄长李宪的儿子，早年就颇有才望。安史之乱中，他曾随玄宗赴蜀，行至汉中（今属陕西），被封为汉中王。

杜甫与汉中王有旧交，且梓州又离成都稍近一些，于是决定先到梓州避难。在临行前，杜甫以诗代简，与汉中王联络旧情，诉说新困：

> 群盗无归路，衰颜会远方。
>
> 尚怜诗警策，犹记酒颠狂。
>
> 鲁卫弥尊重，徐陈略丧亡。
>
> 空余枚叟在，应念早升堂。

——《戏题寄上汉中王三首》

遭遇群盗，归路已无，时值暮年，天涯相遇。这种处境，汉中王作为旧交，怎么能拒绝杜甫的到来呢？

因此几日后，杜甫便收到李瑀的信件，邀请他离开绵州，前往梓州。

到达梓州后，虽然有友人的款待，但杜甫始终心绪不宁，因为家人尚在成都草堂。每每想到家人，杜甫都会彻夜思念而难以入眠。《客夜》一诗，就记录了诗人的这种苦况：

> 客睡何曾著？秋天不肯明。
>
> 入帘残月影，高枕远江声。
>
> 计拙无衣食，途穷仗友生。
>
> 老妻书数纸，应悉未归情。

这年的重阳节，杜甫是在梓州度过的。古时过重阳节，总要赏菊、登高、饮酒，杜甫与梓州的友人同饮黄花酒（菊花酒的别称），一同登高望远。但想起国事家事，诗人不禁悲从中来，作《九日登梓州城》一诗曰：

> 伊昔黄花酒，如今白发翁。
> 追欢筋力异，望远岁时同。
> 弟妹悲歌里，乾坤醉眼中。
> 兵戈与关塞，此日意无穷。

8月23日，徐知道的叛军被高适平定，但战乱后的成都已难居住，于是这年秋末冬初之际，杜甫返回成都草堂，准备将家人接到梓州。在离开草堂之前，杜甫对住了近两年的草堂进行了一番料理，在小松树的周围插上篱笆，又请邻居代为照看院中的树木花草，然后又把书籍等装入书套，放在架上，才锁上门上路。

然而杜甫刚携家人到梓州不久，汉中王便要离开梓州前往蓬州上任了，好在梓州前任李刺史和继任章彝对杜甫都不错。在他们的接济之下，杜甫一家人也可以勉强度日。

安置好家属后，这年冬天，杜甫便前往陈子昂的故居射洪县（故治在今四川射洪县金华镇）凭吊游览，写下了《冬到金华山观，因得故拾遗陈公学堂遗迹》等诗。然后，他又去瞻仰了陈子昂的故居。

在射洪县盘桓了一段时间后，杜甫又前往通泉县。这里悬崖直立，景致幽胜，诗人写下了《通泉驿南去通泉县十五里山水作》一诗，形象地描写了这一带的山水风光。

冬末，杜甫回到梓州。这一期间，国内军事形势很好。9月时，鲁王李改封为雍王；10月，以雍王为天下兵马元帅，统领河北、朔方及诸道行营、回纥等兵10余万，进讨史朝义（史思明之子，为抢皇帝位，杀死其父）。叛将薛嵩以四州归降，张忠志以五州归降。

第二年改元为广德元年（763年）。年初，有消息传到梓州，称史朝义已经败走河北。不久后，又传来史朝义自缢、官兵收复河南河北的喜讯。杜甫万分高兴，写下了生平第一首快诗《闻官军收河南河北》：

剑外忽传收蓟北，初闻涕泪满衣裳。

却看妻子愁何在？漫卷诗书喜欲狂。

白日放歌须纵酒，青春作伴好还乡。

即从巴峡穿巫峡，便下襄阳向洛阳。

这首诗从头到尾，感情如同突然开闸后泻出的洪流一样，一气呵出。七律严整的形式竟然丝毫没有束缚诗人跳动的情思，真是难能可贵，由此也可以看出杜甫当时的喜悦心情。

与此同时，一直对故乡念念不忘的杜甫在战乱结束后也希望能返回故乡洛阳。他多么急切地想要改变这种漂泊的处境，做故乡土地上的一个自由人啊！一瞬间，他多年来积累在胸中的抑郁一扫而光，重新又燃起了对生活的希望。

但是，这种激动的心情很快就烟消云散了，因为他缺乏旅费，根本回不去故乡。他在蜀中的交游越来越少，得到的帮助也越来越少。现在在梓州，他的身体日渐衰弱，基本的生活也要靠种药采药换些钱来维持，哪有多余的钱回乡呢？

第十二章　幕府生活

床头屋漏无干处，雨脚如麻未断绝。

——杜甫

（一）

广德元年秋天，杜甫仍住在梓州。当时吐蕃入侵，又攻取了河西、陇右大片土地，真是一波未平，一波又起，致使民不聊生。

重阳节后，杜甫动身前往阆州。此次阆州之行应与祭奠房琯有关。史载这年4月，汉州刺史房琯拜特进刑部尚书，赴京上任，途中不幸患病，并于8月死于阆州僧舍。杜甫得知噩耗后，定然会前往吊丧。

然而在临行前，天气突然下起了大雨，杜甫作了一首《对雨》诗云：

　　莽莽天涯雨，江边独立时。
　　不愁巴道路，恐湿汉旌旗。
　　雪岭防秋急，绳桥战胜迟。
　　西戎甥舅礼，未敢背恩私。

天降大雨，巴山道路必定十分难走。可敬的是，诗人并未为自己的行程忧愁，而是担心官军的旌旗被打湿，担心影响军队的士气。国家的利益高于一切，这种精神也是杜甫一贯所持有的。

9月，杜甫在阆州祭奠完房琯后，忽然收到家信，得知女儿病了，便赶紧又动身返回梓州。女儿的病稍好些后，杜甫又开始鞍前马后地应酬梓州刺史兼侍御史、留后东川章彝。此时国家危难，吐蕃入侵，蜀中形势正紧，可章彝却不想着练兵防卫，每天只饮酒打猎，这让杜甫心生不满。但章彝对杜甫又多有帮助，杜甫不便与之决裂，只得多次写诗规劝他。如《冬狩行》一诗就是规劝章彝的。

虽然章彝一直对杜甫不错，杜甫还是不愿继续留在梓州，而是打算到吴楚一带谋生。章彝送给杜甫两根桃竹拐杖，杜甫很喜欢，作诗《桃竹杖引赠章留后》表示感激。

章彝还特意为杜甫设宴饯行，宴会上来了许多客人，一席人杯觥交筹，杜甫与幕府诸公赋诗唱和，聊以话别。

冬末，杜甫携全家人从梓州迁到阆州。因为阆州位于嘉陵江边，他打算乘船沿江而下，入长江，出三峡。而且阆州的王刺史也比较随和，杜甫觉得应与其话别，同时还能得到王刺史及其幕府诸公的资助。

到达阆州已经是第二年（广德二年，764年）的春天了，杜甫在《岁暮》一诗中表达了自己对社会动乱的忧虑：

岁暮远为客，边隅还用兵。
烟尘犯雪岭，鼓角动江城。
天地日流血，朝廷谁请缨？
济时敢爱死，寂寞壮心惊。

同时，他还在《游子》一诗中写道：

巴蜀愁谁语，吴门兴杳然。
九江春草外，三峡暮帆前。

诗人仿佛已经看到了自己东下的情景。

（二）

这年春天，杜甫积极地做着出三峡的准备，打算买船上路。就在这时，忽然传来严武重来镇蜀的消息，杜甫于是取消了出蜀的计划，等候严武的到来。

史载，广德二年（764年）正月，朝廷将剑南东、西川合为一道，并以黄门侍郎严武为节度使。这个消息让愁闷不安的杜甫仿佛又看到了希望：

> 殊方又喜故人来，重镇还须济世才。
> 常怪偏裨终日待，不知旌节隔年来。
> 欲辞巴徼啼莺合，远下荆门去鹢催。
> 身老时危思会面，一生襟抱向谁开。
>
> ——《奉待严大夫》

应该说，杜甫是很了解严武的，对严武再次前来镇蜀也充满信心。他一直都希望朝廷能够派一位经验丰富、沉着果断的大臣来安定巴蜀，恢复秩序。所以像严武这样的"济世之才"出来，蜀中形势定能很快好转。

而事实也正如杜甫所料的那样，这年严武率领蜀军大破吐蕃7万余人；10月，严武又取盐川城，成功遏制了吐蕃的进犯，稳定了巴蜀的形势。由此，严武还被加检校礼部尚书，封郑国公。

收到严武到来的消息后，杜甫立即放弃既定的行程，携全家匆匆赶回成都。成都草堂一带的风物又在他的脑海中活跃起来，他一口气写下5首七律诗寄给严武。这些诗每首都写得兴奋而畅快，充满了喜悦之情。

赶了500多里路，杜甫一家终于又回到了熟悉的草堂。小院里已经长满了杂草，暮春的小花遍地盛开，看着草堂边的小松树："四松初移时，大抵三尺强。别来忽三岁，离立如人长。"（《四松》）门前的桃树也长得很茂盛："高秋总馈贫人实，来岁还舒满眼花。"（《题桃树》）

虽然草堂已是一片没有主人的荒凉景象，但在人事方面却并不荒凉：

> 旧犬喜我归，低徊入衣裙。
>
> 邻里喜我归，沽酒携胡芦。
>
> 大官（指严武）喜我来，遣骑问所须。
>
> 城郭喜我来，宾客临村墟。
>
> ——《草堂》

草堂经过一年零九个月的沉寂，忽然又活跃起来，有了生气。

这次回来，杜甫打算在草堂继续住下去，过他的耕种生活。但没多久，他就投入到一个与这种生活完全相反的环境之中。

一直以来，严武对杜甫的报国之心是十分了解的，也希望他能投身仕途，结束草堂野老的生活。在征得杜甫同意后，严武于764年6月向朝廷上表，推荐杜甫为检校工部员外郎，并兼任节度使署中参谋。

不久，朝廷准奏，杜甫便来到严武幕府供职。早在天宝十三年（754年）困居长安时，杜甫曾打算加入哥舒翰的幕府，便投诗给哥舒翰和幕中判官田梁秋，但未能如愿。不料10年后，他还是穿上了军装。

杜甫当上参谋后，便协同严武积极操练军队，力图收复被吐蕃占领的松、维、保三州。作为幕僚，杜甫还作《东西两川说》一诗，向严武提出了抵御吐蕃的建议和看法。杜甫认为，不是蜀兵不足以抵御吐蕃，而是因为没有设置领兵的兵马使，加上军粮不足，供给不继，才导致松、维、保三州失陷。所以，应从政府中派出兵马使统领汉兵和境内的羌兵。而军粮之所以不足，则与蜀中土地兼并严重的局面关系重大，因此应均田薄赋，养民以养兵。这些主张再次说明杜甫在军事和政治上所具有的才识和高见。

7月，完成军事部署之后，严武便亲自率兵出征西山了。他慷慨激昂，决心连吐蕃的一匹马都不放走。杜甫也被严武的这种情绪深深感染，唱起激昂的歌来。

严武果然骁勇，9月便取得大捷，击败吐蕃7万兵马，收复了一些失地，挫败了吐蕃的气焰，西蜀局势得以稳定。

（三）

唐代幕府的生活是很严格的。每天天刚亮，杜甫就要入府办公，夜晚才能回来。由于家在城外，杜甫就长期住在府中，不但生活呆板无趣，西川节度使署里的人事也很复杂。这时的杜甫已经53岁了，满头白发，身体衰弱，每天还要在幕府中与一些相互猜疑、相互攻击的幕僚周旋，心中充满了难言的忧郁。他在《莫相疑行》里写道：

晚将末契托年少，当面输心背面笑。
寄谢悠悠世上儿，不争好恶莫相疑！

杜甫一边拘于幕府的规条，过着呆板的生活；一边又被幕僚嫉妒，受到他们的攻击。同时，他的身体也渐渐难以支持。早年杜甫曾有肺病、疟疾，此时他又添新病——风痹——在办公时坐久了，四肢就会感到麻痹，非常痛苦。

在寂寥的夜半，老诗人独自住在府中，听着长夜不断的角声，望着中天月色，写出了一首悲凉的七律：

清秋幕府井梧寒，独宿江城蜡炬残。

永夜角声悲自语，中天月色好谁看？

风尘荏苒音书绝，关塞萧条行路难。

已忍伶俜十年事，强移栖息一枝安。

——《宿府》

这种境况让杜甫难以再继续下去了，因此他多次写诗给严武，请求严武解除他在幕府中的职务，让他回到草堂，去过农人的生活。到次年正月，严武终于答应了杜甫的请求。

在这之前，杜甫也曾几次请短假回草堂，并写过几首秋诗；如今归来，正当初春，他好像还未预感到不久他又会离开草堂，因此又开始修葺茅屋，准备长住下去。

在草堂和幕府两种极不相同的生活当中，也就是在农田耕作和与幕僚相互周旋期间，杜甫的心中充满了悲愤。764年，据户部统计，全年经过10年丧乱，人口只剩下1690余万，比天宝十三年唐代人口最繁盛时减少了十分之七！所以，杜甫在送友人唐诚往东京的诗中说：

萧条四海内，人少豺虎多。

少人慎莫投，多虎信所过。

饥有易子食，兽独畏虞罗。

——《别唐十五诚因寄礼部贾侍郎》

这时，著名画家曹霸也流落到成都。曹霸于开元时代曾在南薰殿里重摹唐太宗时代的功臣，还给唐玄宗爱好的玉花骢写生。如今流落民间，他描画的对象也转为一般寻常的百姓，因而反受俗人们的轻视。

杜甫同情他的境遇，写成有名的《丹青引》，为曹霸立传，称曹霸的画技高超，并为他的遭遇感到不平。这首长歌是这样结束的：

涂穷反遭俗眼白，世上未有如公贫。

但看古来盛名下，终日坎壈缠其身。

　　安史之乱的爆发，让唐代的社会经济发生了巨大的变化，也给唐代的历史划出了一个界限。时代的转变，在杜甫的诗歌中留下了深刻的的痕迹，而朋友的不断丧亡也让杜甫感觉这一界限一天比一天鲜明。王维、李白、房琯都先后去世，到764年，郑虔死于台州，苏源明又饿死长安，杜甫得到这两个消息后，写出了沉痛的《哭台州郑司户苏少监》一诗，痛惜之情，溢于言表。

　　永泰元年（765年）正月，杜甫的老友高适也在长安死去了，杜甫悲痛不已，作诗哀悼：

　　独步诗名在，只令故旧伤！

——《闻高常侍亡》

　　然而更令杜甫悲痛不已的，是这一年4月严武的突然病逝。严武的离世，让杜甫失去了生活的依靠和居蜀的安全感。5月，朝廷任命郭英乂为剑南节度使、成都尹。郭英乂心胸狭窄，不能容人，刚到任几个月就导致蜀地战乱。杜甫感到郭氏难以依靠，便决定离开蜀地，东下荆楚。

　　经过一番准备后，永泰元年夏天，杜甫毅然决然地带着妻子儿女，乘船离开了居住6年之久的蜀中，沿岷江东下，打算由岷江进入长江，先到潇湘一带旅游览胜。如果有可能，还可以到自己早年去过的吴中一游，再回到故乡去。

　　虽然心中这样打算，但此后的生活不可能再像在浣花溪草堂一样安定了，而是要靠人赈济，因此杜甫的每一种愿望都可能中途改辙，这一点他不是没有料到。然而后来一度生活过得那么悲惨，却是出乎杜甫意料的。

第十三章　夔州孤城

人生有情泪沾衣，江水江花岂终极。

——杜甫

（一）

永泰元年（765年）5月，杜甫携家人离开了成都草堂，乘船东下，经嘉州（今四川乐山）、戎州（今四川宜宾）、渝州（今重庆）、忠州（今四川忠县），于9月到达了云安县（今四川云阳）。这一路杜甫的诗作不多，但从一首《旅夜书怀》中可以知道他们一家在旅途上的情形：

细草微风岸，危樯独夜舟。

星垂平野阔，月涌大江流。

名岂文章著，官应老病休。

飘飘何所似？天地一沙鸥。

到了云安后，杜甫便不能再继续前行了，因为一路上感受湿气，他的肺病和风痹都发作了，导致他脚部麻痹，根本不能行走，而且又不幸患上了糖尿病。无奈，杜甫一家只好在云安停下休息，寄居在云安县令严某的水阁。

卧病期间，杜甫的心情十分烦闷，时而怀念家乡，时而又想念成都草堂。他所寄居的客舍建在江岸的悬崖上，背靠着山岩，面对大江，江上沧波翻腾，两岸林木青葱，树木缝隙间时而可见铁青色的山岩。

在床上卧久了，杜甫就起来到园中观望，日落黄昏，树林中传来子规的啼叫，那是一种奇特的鸣叫，诗人遂赋诗曰：

峡里云安县，江楼翼瓦齐。

两边山木合，终日子规啼。

眇眇春风见，萧萧夜色凄。

客愁那听此？故作傍人低。

——《子规》

通过描写幽深凄凉的景色，诗人表达了自己当下凄楚无助的情绪。

不过，杜甫此时虽然疾病缠身，但对于政治的热情、对于参与朝政的幻想却没有减弱，甚至王朝虚弱、政治混乱、时局不稳、战火不断等现状也未能阻止他不时冒出来的幻想。他真的希望自己可以辗转荆楚，有朝一日返回故国京师，重返朝廷，像他心中仰慕的人物那样辅佐社稷，安邦定国。

因此，他经常担心自己回不了故乡，担心自己客死他乡，但又没有能力马上回去，只能耐心等待。

这时，一件差点造成大乱的事情发生了：9月，在平定安史之乱中立过大功的唐将仆固怀恩暗中勾结回纥、吐蕃，忽然引兵10万人进逼奉天，致使京师震动，群臣惊恐。唐代宗无奈，打算御驾亲征，而大宦官鱼朝恩则试图带着皇帝丢弃长安、万民和宗庙逃跑。

危难之中，幸好被皇帝时用时弃的名将郭子仪用智用谋，兼用兵有方，才挽救了危局，令代宗免于出走京城，也使长安免于再遭毒手。

即便如此，吐蕃还是抢劫了数以万计的人口，无数的钱财和牲口，并毁坏了无数的田园庄稼离去。郭子仪设法与回纥结盟，使其去攻打吐蕃，夺取财富，为唐朝出力，回纥于是引兵而去。在此前，仆固怀恩也已死亡，不能再引兵攻唐了，唐王朝的边患才稍稍减轻。

初冬时节，当杜甫听说郭子仪与回纥结盟以破吐蕃时，对回纥的不信任令他难以平静。他始终都记得安史之乱中回纥对中原的破坏，也记得回纥可汗对大唐天子的傲慢和无礼，以及他们鞭杀唐朝大臣的血淋淋的往事，生怕将来重蹈覆辙。因此，他希望代宗不要太软弱，将治理国家的权力交到宦官手中，就连郭子仪这样忠心耿耿的老臣也不给他掌握军权的机会，以致暴乱频繁，最后连郭子仪都要出此下策。

（二）

杜甫卧病云安期间，白发增多，身体消瘦，幸亏严县令多方关照，到大历元年（766年）春末，他的病情才稍有好转。在身体允许的情况下，杜甫决定离开云安前往夔州（今四川奉节）。

唐代的夔州属山南东道，设有都督府，州治在鱼复浦和西陵峡中间、瞿塘峡附近，与后汉初年公孙述建立的白帝城相连，在现在的奉节县城东十余里的地方。

到达夔州后，杜甫一家在这里住了下来，这一住就住了近两年。这段时间，杜甫的生活还算安定。当时任夔州都督兼御史中丞的柏茂林待杜甫甚厚，杜甫也得以在瀼西买下了40亩果园，又主管东屯的100顷公田，并雇了一些奴仆，如獠奴阿段、隶人伯夷、辛秀、信行，女奴阿稽等。

杜甫刚来夔州时，居住的是在山坡上架木盖起的简陋的房屋。这类房屋散布在山腰，就像鸟巢一样。他到这里的第一件工作，就是按照夔州人的习惯，用竹筒将水从山泉中引到他居住的地方。因为山地不能掘井，要喝水就只能用这种方法，所以夔州的山中盘绕着无数引水的竹筒，有的长达几百丈。

他派遣仆人阿段到山中寻找水源。阿段是夔州人，干这种活很拿手。经过几天的忙碌，阿段终于在一个深夜将竹筒接入厨房。西阁出现了水声，身患糖尿病、正渴得难受的杜甫听见后非常高兴，写诗记道："病渴三更回白首，传声一注湿青云。"（《示獠奴阿段》）赞扬了阿段出入山中而不畏惧的惊人胆量。

有一天，山上的岩石崩落，将引水的竹筒砸坏了，厨房里没了水。杜甫忙派仆人信行到山上去修。信行往返走了40多里路，直到天黑才回来，累得脸色通红。杜甫担心他会病倒，忙把自己养病用的浮瓜和裂饼拿出来，慰其劳苦。

这些，既反映了杜甫与仆人之间融洽的关系，也能看出杜甫对劳动人民品格的赞赏和肯定。

杜甫听说乌鸡的肉可以治疗风疾，因治病心切，便在院子里养了一些乌鸡，后来又孵出100多只小乌鸡。这些大大小小的乌鸡满院子乱跑乱叫，踏上窗台，蹬翻盆子，完全不听杜甫的指挥。杜甫想起《列仙传》上的故事，说山下有个祝鸡翁，本事很大，养鸡千只，皆立名字，而且呼之则来，挥之则去。自己没有这种训鸡之术，后来只好让大儿子宗文带领仆人建立鸡棚，把鸡都圈起来。（见《催宗文树鸡栅》）

为解决吃菜问题，杜甫还在庭院里开出了两席菜畦，种上莴苣。谁知过了20多天，莴苣竟然没长出芽来，倒是那些不能吃的野草在院子里长得十分茂盛，把门前的道路都填满了。杜甫叹息之余，便联想到人间之事每每如此，那些政治上的小人往往容易得势，而正人君子却难以出头。（见《种莴苣》）

蔬菜长不出来，杜甫只好打发仆人到山野去摘苍耳。苍耳也称卷耳，可以食用，还能治疗风疾。采回来的苍耳洗净后，再用热水一焯，半生不熟，便可以充当蔬菜食用了。杜甫吃着苍耳，又想起了人间的苦乐悬殊，不禁叹息道：

> 乱世诛求急，黎民糠籺窄。
> 饱食复何心？荒哉膏粱客！
> 富家厨肉臭，战地骸骨白。

——《驱竖子摘苍耳》

在夔州生活期间，杜甫对当地的风俗颇不习惯，不免抱怨那里风土的恶劣及对故乡的思念：

> 形胜有余风土恶，几时回首一高歌。

——《峡中览物》

他对各种习俗也颇为不适：

> 异俗吁可怪，斯人难并居。
> 家家养乌龟，顿顿食黄鱼。

——《戏作俳谐体遣闷二首》

而那里妇女的遭遇更让诗人感到伤痛和不解：

> 夔州处女发半华，四十五十无夫家。
> 更遭丧乱嫁不售，一生抱恨常咨嗟。
> 土风坐男使女立，应当门户女出入。
> 十犹八九负薪归，卖薪得钱应供给。

——《负薪行》

尽管如此，杜甫还是不得不在夔州定居下来。东下荆楚、北归京洛的计划一再拖延，岁月在烦闷和苦恼中悄然流逝，但杜甫的创作热情却出现了新的高潮。在夔州居住期间，杜甫写成了430多首诗篇，从而令夔州这个江边小城成为中国文学史上的一块圣地。

（三）

在夔州期间，杜甫的身体时好时坏，疟疾、肺病、风痹、糖尿病等，都在不断缠绕着他，最后他的牙齿还掉落了一半，耳朵也聋了，几乎成了一个残废的老人。但就是在这种情形之下，杜甫还写了400多篇诗歌，占他全集诗中的七分之二，而且其中有不少是长篇，成为他一生中一个丰富的创作时期。

由于生活的限制，这个时期的诗歌在内容和思想上比起过去的那些作品略有逊色，但其中也不乏能与《同谷七歌》相媲美、响彻云霄的悲歌，例如——

> 风急天高猿啸哀，渚清沙白鸟飞回。
> 无边落木萧萧下，不尽长江滚滚来。
> 万里悲秋常作客，百年多病独登台。
> 艰难苦恨繁霜鬓，潦倒新停浊酒杯。

——《登高》

杜甫在夔州寓居的日子里，唐王朝仍然风雨飘摇。大历元年（766年）正月，鱼朝恩的部将周智光因杀鄜州刺史张麟、活埋杜冕家属81人，自知罪孽深重，不敢应召赴京，便聚集数万亡命之徒，打家劫舍，劫夺漕米。

2月，刑部尚书颜真卿因反对宰相元载专权、蔽塞言路而遭到贬斥，朝廷以杜鸿渐为山南西道剑南东西川副元帅、剑南四川节度使，以山南西道节度使张献诚兼任剑南东川节度使，以崔旰为茂州刺史，充西山防御使。3月，张献诚与崔旰相互不睦，战于梓州。张献诚军败，旌节皆为崔旰所得。

8月，杜鸿渐入蜀。由于受崔旰贿赂，杜鸿渐不仅没有治崔旰的罪，还奏请朝廷升崔旰为成都尹、西川节度行军司马。

12月，周智光又杀掉陕州监军张志斌，然而昏庸的代宗不仅不追查凶手，反而还下诏晋升周智光为检校左仆射。周智光嫌职位太小，大骂代宗。郭子仪忍无可忍，请求讨伐周智光，代宗不许。

当然，在各种坏消息之外，杜甫也会为偶尔好转的时局感到欢悦。安史之乱后，唐王朝失去了中央集权的力量，各地节度使一天比一天嚣张跋扈。河北收复，也不过只是形式上的，那一带的节度使多半都是安禄山和史思明的旧部，他们与朝廷貌合神离，从未将朝廷放在眼中。

杜甫渴望国家能够得到真正统一，所以希望他们能与朝廷接近。766年10月，唐代宗过生日，各地节度使纷纷入朝为皇帝祝寿。消息传到夔州，据说河北一带的节度使也在其中，杜甫因此而觉得国家是真正统一了，非常高兴，写出了《承闻河北诸道节度入朝欢喜口号绝句十二首》，其中的第二首是：

> 喧喧道路好童谣，河北将军尽入朝；
> 自是乾坤王室正，却教江汉客魂消。

不过，杜甫又听说各地节度使入朝时，带着许多金帛、珍玩，值缗钱24万，献给代宗。门下侍郎常衮说，节度使们既不耕地，也不农桑，这些宝物自然都是从人民那里取来的，因此劝谏代宗不要接受。但代宗没有采纳他的劝告，而是全部收下了。所以，杜甫的《承闻河北诸道节度入朝欢喜口号绝句十二首》中还有这样一首：

> 英雄见事若通神，圣哲为心小一身。
> 燕赵休矜出佳丽，宫闱不拟选才人。

诗中的语气虽然句句都是肯定的，但却与事实恰好相反，这只不过是杜甫的希望而已。

（四）

766年秋天时，伴随着萧瑟的寒风，杜甫登上夔州顾城，目睹了江城秋色，心中万分感慨。他心潮起伏，日夜苦吟，写出了8首律诗——《秋兴八景》。

这是最能代表杜甫晚年创作水平、最能体现杜诗忆旧怀古之丰富内涵与飞动思绪的作品，也最能体现杜甫七律"不烦绳削而自合"的创作境界。

只有在写诗的时候，诗人杜甫才能暂时忘记愁闷、哀伤、思念，才仿佛找到了一个可以栖身的快乐之地。然而，也因为写诗，诗人才会比其他同样沉浸于痛苦中的人更加痛苦，创作逼着他一遍一遍地咀嚼着伤痛。

诗歌已经成为年老体衰、垂暮漂泊的杜甫的一种生活方式，他用自己最后的生命在诗歌国度中建造了一座雄伟壮观、永远令人惊叹的殿堂，这就是《秋兴八首》。

其一曰：

> 玉露凋伤枫树林，巫山巫峡气萧森。

江间波浪兼天涌，塞上风云接地阴。

丛菊两开他日泪，孤舟一系故园心。

寒衣处处催刀尺，白帝城高急暮砧。

　　这首诗写于白露既降、时已深秋的时节，巫山巫峡都是一片萧森的景象。杜甫自永泰元年（765年）5月间离开成都，出峡东去，已两次见到秋景，故曰"丛菊两开"。"寒衣处处"则写出了诗人对百姓的关切，所以"急暮砧"既是以传统意向来烘托羁旅愁思，也是当时忧国忧民的诗人的实际所闻。

　　其二曰：

夔府孤城落日斜，每依北斗望京华。

听猿实下三声泪，奉使虚随八月槎。

画省香炉违伏枕，山楼粉堞隐悲笳。

请看石上藤萝月，已映洲前芦荻花。

　　诗人看到北斗星，思念长安。三峡两岸多猿猴，古代就有"巴东三峡巫峡长，猿鸣三声泪沾裳"的民歌，诗人身临其境，听到猿声而落泪。相传古时有人居住在海边，见每年8月有浮槎漂来，乃登之而浮至天河。杜甫曾入严武幕为参谋，本来也想随严武还朝，不料严武不久死去，还朝之事也成为泡影，因此说"虚随八月槎"。暮色渐浓，皓月上升，诗人仍然痴痴地站在楼上，心中充满了漂泊江湖、远离京师的悲哀。

　　其三曰：

千家山郭静朝晖，日日江楼坐翠微。

信宿渔人还泛泛，清秋燕子故飞飞。

匡衡抗疏功名薄，刘向传经心事违。

同学少年多不贱，五陵衣马自轻肥。

　　匡衡是西汉时期的丞相，多据义谏诤，杜甫觉得自己曾像匡衡那样上疏救房琯，但却缺少匡衡的显达。西汉刘向曾讲论五经于石渠，后领校中五经秘书，杜甫悲叹自己虽然世习儒业，但却未能像刘向那样讲论经学。最后，他又想起往日的同学少年如今都已置身通显，不过他们仅知道追求裘马轻肥，又何足为道呢！

　　其四曰：

闻道长安似弈棋，百年世事不胜悲。

王侯第宅皆新主，文武衣冠异昔时。

直北关山金鼓振，征西车马羽书驰。

鱼龙寂寞秋江冷，故国平居有所思。

　　这首诗主要感叹政局的多变。从唐太宗贞观之治到唐玄宗的开元盛世，从国富民强的鼎盛时期转入现在动荡不安的衰败年头，令人不胜悲哀。朝廷政治日渐黑暗，像宦官李辅国这样的人竟能拜相，鱼朝恩竟能为帅，当政非人，异于昔时。况且此时边境多事，连京师地区都烽火不断，吐蕃入侵的危险始终存在，诗人对此无可奈何。他只能蛰居荒江，回忆故国，不胜感慨。

　　其五曰：

蓬莱宫阙对南山，承露金茎霄汉间。

西望瑶池降王母，东来紫气满函关。

云移雉尾开宫扇，日绕龙鳞识圣颜。

一卧沧江惊岁晚，几回青琐照朝班？

唐朝的大明宫也称蓬莱宫，"承露金茎"指汉代仙人承露盘及其立柱，这里是借汉喻唐。相传周朝时函谷关的关令登楼四望，只见紫气东来，便称有圣人前来，果然是老子入关。"紫气"用老子的故事暗讽唐玄宗迷信道教。杜甫曾任左拾遗，参与班列，入宫朝见，传呼点名，顺序入朝。但此时诗人已经病卧夔州，只能在黯然神伤中回想入朝时事了。

其六曰：

> 瞿塘峡口曲江头，万里风烟接素秋。
> 花萼夹城通御气，芙蓉小苑入边愁。
> 朱帘绣柱围黄鹤，锦缆牙樯起白鸥。
> 回首可怜歌舞地，秦中自古帝王州。

诗人自如地在诗中往来于过去与现在、夔州与长安之间，灵活多变的笔法让他的诗歌超越了时空的限制，"万里风烟"让诗人一下子就回到了昔日的"曲江头"。

其七曰：

> 昆明池水汉时功，武帝旌旗在眼中。
> 织女机丝虚月夜，石鲸鳞甲动秋风。
> 波漂菰米沈云黑，露冷莲房坠粉红。
> 关塞极天唯鸟道，江湖满地一渔翁。

昆明池是汉武帝时所凿，唐玄宗曾置战船于此中练兵攻打南诏。"织女""石鳞"都是昆明池边的石刻。这些都是诗人当年常去游览时看到的景色，如今漂泊荒远，无家可归，只能于夔州远望秦中了。

最后一首曰：

> 昆吾御宿自逶迤，紫阁峰阴入渼陂。
> 香稻啄余鹦鹉粒，碧梧栖老凤凰枝。
> 佳人拾翠春相问，仙侣同舟晚更移。
> 彩笔昔曾干气象，白头吟望苦低垂。

昆吾、御宿、紫阁、渼陂都是长安附近诗人早年曾游览过的地方。当时自己在此环境中写出了许多气冲云霄的诗作，而今却只能白头低垂了。

这8首诗虽然不纯为怀旧诗，但诗中却笼罩着浓重的怀旧气氛。同时，诗中也展现出了无比壮阔的时空以及诗人对唐帝国由盛转衰的历史的整体思考。在诗中，杜甫对长安极摹其盛。之所以这样，其实正是以昔日的富丽繁盛对比今日的寂寞凄凉，从而反衬出诗人对变幻不定的百年世事的深哀剧痛。

→ **744年，杜甫与李白初次相逢于洛阳。两位诗坛泰斗一见如故，同饮同醉，携手同游，度过了一段彼此难忘的日子。后来杜甫每每想起那段令人难忘的时光，都会感慨不已，颇为怀念。为此，他特在一个仲春时节写了一首五律《春日忆李白》，开头四句是："白也诗无敌，飘然思不群。清新庾开府，俊逸鲍参军。"杜甫在诗中对李白是这样赞许的：庾信的诗清新而不俊逸，鲍照的诗俊逸而不清新，而李白的诗兼而有之，其清新俊逸之风实在是无人能够匹敌。**

第十四章　瀼西草堂

为人性僻耽佳句，语不惊人死不休。

——杜甫

（一）

　　祸乱不断的766年很快就过去了，但新的一年也不太平。大历二年（767年）正月，郭子仪受密诏讨伐周智光，华州牙将姚怀、李延俊杀掉周智光。然而不久，淮西节度使李忠臣入朝，以收复华州为名，大肆掠夺百姓，致使地方官吏和百姓出现穿纸衣或数日不食者。

　　4月，代宗命鱼朝恩在兴唐寺与吐蕃结盟。杜鸿渐入朝奏事，以崔旰为西川留后。7月，崔旰被升为西川节度使。不久，元载、杜鸿渐为相，开始不断唆使代宗大兴佛寺，政事日渐混乱。

　　767年9月，吐蕃又率众数万围攻灵武。10月，朔方节度使路嗣恭大破吐蕃于灵武城下，吐蕃败退。据此，杜甫写出了《喜闻盗贼总退口号》五首诗。诗中除了庆祝唐王朝获得的胜利外，也批判了朝廷的无能及过去对待吐蕃的错误政策：唐王朝与吐蕃本来可以和平相处，只因为天宝以来边将好大喜功，杀戮无度，导致吐蕃入侵，而且一次比一次严重。因此，杜甫写道：

　　赞普多教使入秦，数通和好止烟尘。

朝廷忽用哥舒将，杀伐虚悲公主亲。

　　总之，此时的大唐王朝中，天子昏弱，权臣当道，外患不断，军阀争斗，百姓困苦不堪，曾经辉煌一时的唐王朝已经沦为一个难以收拾的烂摊子。杜甫寓居夔州期间，生活虽然较为安定，但他却一时都没有忘怀国家和百姓，时刻都在忧国忧民。

　　每逢有使臣来到夔州，杜甫都要详细地打听关中的消息："向来忧国泪，寂寞洒衣巾。"（《谒先主庙》）在明主刘备的庙前，杜甫一洒孤臣的忧国之泪，感情蕴含颇丰。

　　由于长期忧虑国事，杜甫又患上了失眠。从下面的作品中，我们就能看出杜甫当时因严重忧虑而频频失眠的境况：

　　　　江上日多雨，萧萧荆楚秋。

　　　　高风下木叶，永夜揽貂裘。

　　　　勋业频看镜，行藏独倚楼。

　　　　时危思报主，衰谢不能休。

——《江上》

　　在萧瑟的秋风中，诗人长夜不寐，"揽貂裘"御寒，思考着国家的危难，而不因年老体衰就此罢休。

　　　　中夜江山静，危楼望北辰。

　　　　长为万里客，有愧百年身。

　　　　故国风云气，高堂战伐尘。

　　　　胡雏负恩泽，嗟尔太平人。

——《中夜》

寂静的深夜，诗人在西阁楼上遥望京都，感叹自己暮年之身仍然漂泊远方，感叹故国家园仍蒙战尘。这一切固然是因安禄山作乱所致，但也与玄宗君臣耽于太平有关。

> 垂白冯唐老，清秋宋玉悲。
> 江喧长少睡，楼迥独移时。
> 多难身何补？无家病不辞。
> 甘从千日醉，未许七哀诗。

——《垂白》

江水喧哗，诗人难以入睡，想起汉代的冯唐为郎中书署长时年纪已老，自己也是垂白之年才得到检校工部员外郎的官职，现实与历史竟有许多相似之处。而且宋玉的悲秋之声，传播千载，今夜竟与自己的悲声连在一起。国家多难，自己却无法补救；家园已失，自己的身体上总有疾病来缠。这众多的愁苦，必须用中山人酿造的一醉千日的酒才能排遣，心中的忧伤远甚于王粲的《七哀》诗篇。

除此之外，还有《草阁》《吹笛》《月》《夜宿西阁》《十六夜玩月》《十七夜对月》《夜二首》等，共计27首，都是彻夜感怀国事、家事、百姓事。从这些悲凉的诗篇中，可以看出诗人杜甫的忧深痛巨。

（二）

这一年，杜甫的生活过得都比较沉闷，虽然有旅居夔州的亲朋好友互相往来，令他有一时的兴奋，但大部分时间都是闲散、昏昏欲睡的。这种没有内容的生活，让他想活动又没有精神，无聊之中，以前的思乡之情又增添几分。在《昼梦》一诗中，杜甫就描写了自己的这种百无聊赖的心情：

> 二月饶睡昏昏然，不独夜短昼分眠。
> 桃花气暖眼自醉，春渚日落梦相牵。
> 故乡门巷荆棘底，中原君臣豺虎边。
> 安得务农息战斗，普天无吏横索钱。

　　二月暖气倦神，日夜思睡，诗人精力明显不济。睡去是梦，醒来是愁，总不外是故乡萧条，君臣不安。西面的吐蕃不断东来侵扰，朝廷就像卧在虎狼边上，时有被啖的危险；国困民穷，军费庞大，都摊派在经过战乱、灾荒变得十分萧条的农村，尤其是那些食不果腹的农民身上。最最可恨的是，那些官吏还强行索要租税，根本不在乎百姓的死活。扰扰天下，到处都这样，这日子何时才是尽头啊？

　　当杜甫感受到官吏们横行索钱的可恨时，他已经离开西阁。事实上，他在767年的年初就已带着家人及几个家仆，搬到城东的赤甲山上来了。

　　赤甲山地处江北，是杜甫一开始来夔州时就想一游的胜地。杜甫的新居坐落在赤甲山的半山腰，正对着白盐山的峭壁。这里花竹相压，石硬鸟痴，下水上云，风景奇秀。杜甫当时虽然慨叹自己这些年流离思乡，家无常物，但面对这样的佳境，还是觉得搬家是值得的。

　　这次搬家，杜甫没有去事先看好的瀼西，而是来到赤甲山，绝不仅因受这里风景的吸引。在赤甲山以北，东瀼水两岸，有100余顷的公田，名叫东屯。这里所收的粮食是供应军队和官府开支的，常年设置府吏（行官）管理。在去年的冬天，柏茂林任夔州都督后，杜甫在交游中对他大加赞赏，又为其代写谢上表，借以陈述自己对邦国治理的建议，使柏茂林有了清楚可行的"行动纲领"。

115

这时，杜甫又向柏茂林陈情诉苦，柏茂林深为感动。他爱惜杜甫的才华，怜悯杜甫生活的困窘，便打算出资让杜甫出峡。因此，柏茂林就在常设行官的上头为杜甫谋得了一个主管的职位，还配给他一些官籍的奴仆从事劳动。

按照都督的意见，只要杜甫能管理好这一片官田，秋收交纳完官粮后，必定会剩下一些余粮。卖掉这些余粮后，杜甫就有钱出峡了。

为了能照顾好东屯的这部分田地，杜甫就住在这原先打算过来游览的山上来了。但由于赤甲山位于长江峡口上，江风迅疾，江流汹涌，响声和气候都不适宜这个体质衰弱、容易失眠的老人。所以，当新鲜感过去后，杜甫便于3月底再次迁居，来到他去年冬天就看好的夔州西部的西瀼水（今梅溪河）西岸定居。

这里地势平坦，而且西瀼水东岸不远就是居民较多的西市。不过，杜甫选择的西瀼水西岸却比较清旷，只有四五家邻居。他在这里又建立了一座草堂，称瀼西草堂，周围有柑林和菜地，背面可见高岗岩石，还经常能看到老虎野兽在村中出没。所以，邻居们平时都十分小心，在房子周围筑上院墙、篱笆等，以隔猛兽。

杜甫建立的这座草堂环境虽然幽雅，但院墙和篱笆都很破旧。他住进来后，就把这所房子买了下来，然后派仆人出去砍树，修好了院墙和篱笆。同时，他还买下梅溪河东岸40亩的果园，预备秋收之后再卖掉，增加川资。为此，他专门派仆人前去养护看守。有时为散心，他自己也会乘船到河东果园里走一走。

三四月间，杜甫得到了阔别10多年的弟弟杜观从陕西蓝田给他捎来的信，说准备来探望杜甫。杜甫非常高兴，简直都要把来信给喜鹊们瞧了。此后，他每天都登高眺望过江的船只，计算着弟弟的行程。

夏初，杜甫与弟弟杜观终于在瀼西草堂中相会了。他们互相叙述着10

年来奔走人间的种种遭遇，不禁感慨万千。杜观的生活也不如意，因此他也有偕妻子南下的念头。杜观走时，兄弟俩还约定秋季时再到湖北的江陵相会。

与弟弟的会面让杜甫万分高兴。心情一好，身体也跟着受益，病势也逐渐减轻了不少。

<h2 style="text-align:center;">（三）</h2>

夏天过后，夔州开始天旱少雨，庄稼和蔬菜都长得不好。杜甫虽然在草堂边开垦了几亩土地，但菜还是不够吃。于是，柏茂林就命官府菜园的管理者给杜甫送些菜来。这些人见杜甫不过是个无职无权的老人，便时常怠慢他，根本不给他送菜，即使偶尔送来，也时常夹杂些野生杂菜等，让杜甫十分尴尬。

就连杜甫这种有官府照顾的人，生活尚如此艰难，何况那些不如杜甫的农民了。有一次，一位老大爷告诉杜甫：去年的粮米都交给催收赋税的人了，田里正开花的新豆子也已经有了归宿——要全部卖掉缴纳军费，自己一颗都不敢吃，催钱催粮的人太凶暴了！

听了这话，杜甫怎能不为这些可怜的底层农民难受呢？他安慰他们说，入侵灵州等地的吐蕃被郭子仪驱逐出去后，日子就会好过了。

因为如此近地看到了农民被征粮征税弄得"贫到骨"的生活惨象，杜甫对那些一掷千金的城市富豪很看不惯，就像他以前看不惯"朱门酒肉臭"的长安富豪一样。他以普通老百姓的眼光和起码的公平心，来看待这个穷奢极欲、一些人骨枯髓干的社会。他不知道，如今的皇帝和朝廷重臣的奢靡，比这些土豪乡绅是有过之而无不及。

这时，在代宗迷信佛教的态度影响之下，佛教思想在全国深入人心。

杜甫也越来越喜欢听佛说法，不过，这与其说是受社会风气影响，倒不如说是为他自己的人生失意所驱使。当然，借此他也维持了短时间的内心宁静。这时，他的身体经过长时间的调养，疾病已经基本痊愈，只除了偶尔等米下锅外，日子过得也相当平静。

经过近一年的等待，眼看秋熟的日子就要来了，杜甫已经陆续吃上了园中的果子。为亲自督促秋收，杜甫在阴历八月桂子飘香的季节，特意从瀼西草堂迁居到东屯。东屯草堂的环境与瀼西没多大区别，只是要相对简陋一些。

就在这时，杜甫的一个远房吴姓亲戚从忠州（四川忠县）来到这里。杜甫派人去迎接他，并将瀼西的草屋让给他住。这间草屋的西邻住着一位穷苦的老妇人，以前常在杜甫屋前的枣树旁打枣吃，杜甫从不阻拦他。如今这草屋换了新主人，吴某便经常插篱阻止妇人再来打枣。

杜甫见状，劝吴某不要这样做，并写了一首非常感人的诗送给吴某：

堂前扑枣任西邻，无食无儿一妇人；

不为困穷宁有此？只缘恐惧转须亲。

即防远客虽多事，便插疏篱却甚真。

已诉征求贫到骨，正思戎马泪盈巾。

——《又呈吴郎》

这是多么亲切婉转的劝诫啊！从有关国家兴亡的大变故，到一个无食无儿的妇人，杜甫都会给予深切的关怀。

秋收的日子近在眼前，农民们已经筑好场等待麦子上场了。9月末，杜甫亲自督管收获之事，这也是杜甫第一次那么近切地看到秋收，因而非常高兴。麦子打出来后，除去交纳上去的，留给杜甫的也是仓平屋满，足够他们一家人过冬，也足以令这个在收获前左支右绌的老人兴奋不已了。

　　杜甫就着甜葵菜，咀嚼着白玉般晶莹的新米软饭，觉得一点儿忧愁都没有了。现在，不仅白米饭多得吃不完，就是本来极为珍贵的胭脂米也是想吃就吃，毫不稀罕。对于一个常年吃糠咽菜、要为一家近10口人的生计操劳的老人来说，还有什么比在长久的等待之后，能得到这么多的新米更实在的呢？柏茂林都督真是做了一件功德无量的事。

　　据说有一年冬天，天气下着鹅毛大雪，杜甫要到一个名叫梅岭的地方去，便雇了一顶四人抬的轿子。在行进途中，雪越来越大，鹅毛似的雪片飘飘洒洒，天地间的一切都被皑皑白雪笼罩着。一位轿夫突然诗兴大发，随口吟道："片片片片片片片。"随后轿夫就不知该怎么接了，涨红了脸苦想。杜甫在轿中看到不远处的梅岭，苍茫隐晦，巍峨壮观，便接道："雪落梅岭形不见。"轿夫一听，觉得对得非常恰当，便想，难道这个坐轿的就是当今著名诗人杜甫吗？于是问道："此人莫非杜少陵？"杜甫笑了笑，又接出一句："然然然然然然然。"将这四句合起来，就变成了一首非常有趣的诗："片片片片片片片，雪落梅岭形不见。此人莫非杜少陵？然然然然然然然。"

第十五章　失望江陵

穷年忧黎元，叹息肠内热。

——杜甫

（一）

由于患有糖尿病和肺气肿，杜甫已经很久不喝酒了。767年的重阳节，杜甫在夔州遇到了外祖母家族中的崔评事、苏表弟和侄子韦县尉，本来是该痛饮一杯的，但顾及身体，他只能看着别人饮酒相乐，自己陪在一旁。这种情形也再一次勾起了杜甫的思乡之情。他不禁低吟道：

重阳独酌杯中酒，抱病起登江上台。
竹叶于人既无分，菊花从此不须开。
殊方日落玄猿哭，故国霜前白雁来。
弟妹萧条各何在，干戈衰谢两相催。

——《九日五首》其一

不能饮酒了，生活自然就少了一种乐趣，并且这时杜甫的听力也出现了问题，左耳突然失聪。这对杜甫来说是个很大的打击，他开始痛彻心扉地想：诸病缠身，齿落耳聋，腿脚也不好使了，只剩下眼睛还算明亮，但只怕失明的日子也不久了吧？

收完庄稼后，杜甫又想回到住了很久的瀼西草堂去。耳聋腿软，齿落发稀，加上那些没有除根的慢性病，令他觉得自己彻底老了，是一个无用的废人了。这个冬天，朋友们一封信都没有来，令他敏感地觉察到自己的被厌弃。然而，越是处在老去的孤独中，就越向往温暖的友情。杜甫虽然知道自己对天下的安危已经无能为力，但仍期待着京城的消息，并且一旦得到不称心的消息，他依然还会慷慨激昂。

冬天，朔方节度使路嗣恭在灵武城下大破吐蕃入侵军，吐蕃败退。杜甫得此喜讯后，作《喜闻盗贼总退口号五首》，为此欢呼道：

　　今春喜气满乾坤，南北东西拱至尊。

乘着闲暇无事，杜甫又游历了一番白帝城，登高览胜，与那些过往的人物和美好的事物告别。因为这个时候，他的弟弟杜观已经携家人到了与杜甫约好一起去的江陵，来信催他去了。他的堂舅崔某，也在暂时代理夔州刺史之后，又回到江陵去担任原来的职务了。

在准备好一切后，杜甫便准备乘着风平浪静马上出峡。可惜就在这个时候，夔州下了一场少有的大雪，地上也铺了厚厚的一层。大雪封路，自然是不能走了。杜甫无奈，只得蜷缩在柴门之内，等待着春天的到来。

大历三年（768年）正月，杜甫又收到弟弟杜观从江陵（今属湖北）捎来的书信，说已经在当阳县找好了住处，催杜甫尽快出峡。杜甫很高兴，尤其是得知那边已经有住处了，便决定中旬启程。

临行前，杜甫将瀼西的40亩果园送给了一位称为"南卿兄"的友人。出于对旧物的留恋，他围着果园转了好几圈，还亲自拿着锄头除掉一些杂草。想到再过些时候，这片果园将是杂蕊喷红，胜过锦缎，而自己则随波逐流，不知已漂泊到何处，心中不禁惆怅不已。

正月中旬，杜甫携家人在白帝城下登船，向东驶去。杜甫特意写诗记录下这一值得纪念的启程：

老向巴人里，今辞楚塞隅。

入舟翻不乐，解缆独长吁。

窄转深啼狖，虚随乱浴凫。

石苔凌几杖，空翠扑肌肤。

叠壁排霜剑，奔泉溅水珠。

杳冥藤上下，浓澹树荣枯。

······

船在江上颠簸，白帝城渐渐远去，迎面而来的是耸入云天的连绵绝壁，随行的是居无定所的江上白鸥。行驶了72里后，小船到达巫山县（今属四川），一行人停泊上岸。杜甫的友人唐十八此时正暂住在巫山县城。闻知杜甫到来后，唐十八忙偕同县内诸公设宴款待。

杜甫拄着拐杖赴宴，对诸公的友好招待十分感激，宴席上作了一首诗，题在墙壁上：

卧病巴东久，今年强作归。

故人犹远谪，兹日倍多违。

接宴身兼杖，听歌泪满衣。

诸公不相弃，拥别惜光辉。

诗多哀语，身体病弱是原因之一，原因之二是唐十八当时正处于被贬黜的境地，种种不如意交织在一起，故而听歌而落泪。

这位唐氏友人原任汾州刺史，因直言时弊而得罪朝廷，被贬到施州清江县（今湖北恩施）。杜甫虽然肺病加剧，自顾不暇，但上船后仍对唐氏友人念念不已，并作诗加以安慰。自处危难却能想人之难，自需宽慰却还宽慰他人，这便是杜甫的一向作风，也表现出了儒家"己欲立而立人，己欲达而达人"的仁者风范。

（二）

行舟一路顺水，杜甫一家很快就在一个春雨淅沥的早晨到了江陵。按照出行惯例，杜甫先投诗给江陵府的诸位官员，表明颂扬之意，兼诉穷愁孤独和投奔之情。上岸后，他便冒雨投奔江陵节度使幕府行军司马杜位的府邸而去。

随后，杜甫将家人送到当阳杜观的家中居住，自己又回到江陵，希望得到在夔州时就寄诗颂德的荆南节度使卫伯玉的厚待，以便在此北通襄阳及洛阳长安、南通潭州及桂林广州、西可通蜀、东可通吴的交通枢纽城市谋生。为此，他拜访了卫伯玉，夏天时还参加过他庆祝新楼落成的宴会，并赋诗颂扬。然而，卫伯玉却没有丝毫要提携他的意思，只拿他当一个普通客人对待。

在江陵，杜甫也时常被邀请参加官绅们的聚会。在聚会上，大家都兴致勃勃，唯有他白发稀疏，显得十分潦倒。众人询问他多年来的漂泊经历，不免又是唏嘘又是怜悯，让杜甫感到很不舒服。他觉得自己在这一群人中很可怜。

杜甫还与太子宾客李之芳、江陵少尹郑审来往酬唱。他们与杜甫相识多年，有时一起宴集并赋诗，杜甫唯许李之芳为"海内文章伯"。他们还曾一起到郑审建在湖边的府邸去做客，在湖上荡舟闲游。前一年，杜甫在夔州时还曾写诗给郑审，希望他能借些湖边的房子给自己安家。现在看来，希望渺茫了。郑审虽然对他招待不错，但这幽静的湖边景色，杜甫显然是不能时常享有的。

自春到夏，杜甫虽然偶尔能叨扰幕府诸人的几次酒菜，但谋生的事却始终没有结果。他的耳朵更聋了，与人交谈需要画字；头发更少了，甚至都不需要梳头了；在别人看来，他的反应也更加愚蠢迟钝了；而且情绪不畅，这又引发了他以前的慢性病。此时，杜甫的心更加向往北方长安，为自己何以落得如此凄惨而大为不解。

杜甫自己在江陵生存尚且不易，他寄居在当阳的家人就更加难以生存了。初夏时，孩子们来信告诉他，家中连菜粥都喝不上了。这令杜甫忧心如焚，于是想到附近县城还有几个朋友，不妨向他们乞食。

可是，当杜甫找到这些朋友，希望得到他们的垂怜时，他们却都吝惜自己的钱财，根本不肯拿钱帮助杜甫。不得已，杜甫只好不顾夏天雨后的闷热，乘船向西，打算到荆州西南的武陵县（今湖南常德）去，向那里的亲戚朋友求告。可没想到的是，他刚出发没多远，他的小船就被河泥胶住了，进退两难。杜甫无奈，只好在大热天里独自宿在荒野中的水驿。想到自己的困境，他不禁失声痛哭。

哭罢，杜甫又重新打起精神，写诗投赠江陵城里的幕府群公，希望其中会有人为他的境遇所感动。他将自己的苦楚和悲惨境遇告诉他们，并且还告诉他们，自己一直想见见这些身居幕府的群公都不容易，守门人见他不是坐轿子来的，是走着来的，而且看他那么寒酸，竟然不给他通报开门，他只能低三下四地恳求门卫。

然而，这些幕僚肯帮助他又能怎样？赐予的太少了，他的家庭所费又太多，没几次就又断炊了。

求人救济的日子是悲苦的，开始时还能得到别人的同情，但久了也难免会惹人讨厌，因此杜甫也时常遭到冷遇。他在《秋日荆南述怀》中写出了自己当时的生活：

苦摇乞食尾，常曝报恩鳃。

结舌防谗柄，探肠有祸胎。

苍茫步兵哭，辗转仲宣哀。

饥藉家家米，愁征处处杯。

即使杜甫"苦摇乞食尾"——像狗一样摇尾乞怜，还是"常曝报恩鳃"——像鱼那样被晒得鳃都干了。这种境遇简直让杜甫备受屈辱。曾经写过《赴奉先县咏怀》，写过《北征》，写过"三吏""三别"，写过无数壮丽诗篇的杜甫，从长安时起就尝尽残杯冷炙的心酸，如今又沦落到如此地步，从这里可以看出，当时的封建社会对待一个伟大的诗人是多么残酷！就是他本人也觉得无法自解，他在另一首诗中写道：

我姓何到此？物理直难齐。

——《水宿遣兴奉呈群公》

（三）

到了秋天，杜甫在江陵实在待不下去了，该到哪里谋生呢？他一直都有北上的心思，可自从这年2月商周（陕西商县）兵马使刘洽杀死了防御使而导致叛乱，整个北方再次处于频仍的战乱中。

刘洽的叛乱虽然不久就被平息，但却开启了整个商州地区混乱的大门。6月，幽州兵马使朱希彩等人也合谋杀死了节度使，自称"留后"。朝廷在讨伐失败后，被迫接受了朱希彩的"留后"封号。

这场北方的叛乱，令杜甫本来打算经江陵北上朝廷的梦想再次破灭了。在南方蜀中，自从4月崔旰入都，泸州刺史杨子琳就率兵攻打成都。崔旰的弟弟崔宽与他混战数月，最终还是崔旰的妾任氏出资招募部队，在7月打败了杨子琳。

到了8月，吐蕃再次兴兵10万侵犯灵武等地，京师戒严，后来在9月被击退。但此时，吐蕃还有大批兵马屯聚在川西。

在这种形势之下，杜甫北归的愿望自然是无法实现了，他只好强打精神，带着一家老小在暮秋时分乘船离开令他深深失望的江陵，向江陵南部近百里的公安（湖北公安）进发。在江陵南浦登船时，他写诗寄给郑审说：

更欲投何处？飘然去此都。

形骸元土木，舟楫复江湖。

社稷缠妖气，干戈送老儒。

百年同弃物，万国尽穷途。

雨洗平沙静，天衔阔岸纤。

鸣蛰随泛梗，别燕起秋菰。

栖托难高卧，饥寒迫向隅。

寂寥相响卧，浩荡报恩珠。

溟涨鲸波动，衡阳雁影徂。

南征问悬榻，东逝想乘桴。

滥窃商歌听，时忧卞泣诛。

经过忆郑驿，斟酌旅情孤。

——《舟中出江陵南浦奉寄郑少尹审》

诗人乘船南渡江陵，顺水漂流，不知道该在何处安身，也不知道自己将要到什么地方去。只因"土木形骸"，听任自然，因此只能乘船涉越茫茫江湖了。

从这样的诗句中我们可以感到，杜甫当时真的是无路可走了，他的诗歌也唱到了最后一个阶段。在这个阶段里，说到自己的境遇时，杜甫已经没有多少高亢的声音，只有穷途末路的哀诉了。

　　虽然如此，杜甫依然没有放弃他作为一个诗人的社会责任，依然在不断反映人民的生活。他说，他老年看花，模糊不清，好像在雾里观看一般，但他看到湘江一带人民的痛苦，却看得与从前一样清晰。

（四）

　　杜甫来到公安县，受到了县尉颜十的招待。有一次，颜县尉还邀请杜甫与顾戒奢一同饮酒。顾戒奢是著名的书法家，擅长写八分体。

　　八分体的创造者相传是秦时上谷（今河北易县）人王次仲。关于八分体的命名，历来说法不一，或认为二分似隶，八分似篆；或以为汉隶的波折，向左右分开，"渐若八分分散"。这位顾戒奢可能是东吴人，曾任太子文学翰林待诏，所以人们都称呼他"顾八分文学"。

　　开元年间，顾戒奢与书法家韩择木、蔡有邻同被唐玄宗赞许，曾与杜甫同游。如今沦落异乡，又与杜甫命运相同。因此在酒席间，杜甫便乘兴赋诗，并请顾氏题写在颜县尉的墙壁上。

　　这首名为《醉歌行赠公安颜十少府，请顾八题壁》的七古写得豪迈奔放，是杜甫这一时期来未曾有过的，大概与颜氏的关照和幸遇书法名家有关系。诗云：

　　　　神仙中人不易得，颜氏之子才孤标。
　　　　天马长鸣待驾驭，秋鹰整翮当云霄。
　　　　君不见东吴顾文学？君不见西汉杜陵老？
　　　　诗家笔势君不嫌，词翰升堂为君扫。
　　　　是日霜风冻七泽，乌蛮落照衔赤壁。
　　　　酒酣耳热忘头白，感君意气无所惜，一为歌行歌主客。

几天后，顾戒奢要到江西去了，杜甫又写了一首长诗为他送行。诗中回顾了开元年间两人的友谊，又为今日的沦落而伤怀，并叮嘱说：眼下军阀战乱不休，长吏每每被杀，你这次去干谒东方诸侯，要劝说他们休得纵恣。国家以民为本，要是官逼民反，国家就要付出巨大的代价来收复民心，当官的应该同情民间疾苦，请你顺便代我向皇上派到洪州、吉州的观察使申明此意，观察使的职权是为百姓选拔官吏，看到百姓受苦就应动恻隐之心。

此外，杜甫还勉励顾氏慎重此行，说，有志之士向来是以寻得富贵为耻的，要想直上青云就需要靠个人的政绩。陆机的《猛虎行》写道："可不饮盗泉水，热不患恶木阴。恶木岂无枝？志士多苦心。"现在，我把这几首诗抄赠给你，希望你好自为之。

杜甫是担心顾戒奢被江西军阀引诱，误上他们的贼船。这也是从国家的大局出发，对友人进行规劝。

在公安县，杜甫还遇到一个名叫卫均的青年。卫均从小喜爱诗文，虽然与杜甫素昧平生，但见杜甫生活贫困，便经常慷慨解囊相助。这让困顿中的杜甫十分感激，遂作诗赞美他的品德：

> 平生感意气，少小爱文词。
>
> 江海由来合，风云若有期。

——《移居公安敬赠卫大郎》

在这首诗中，杜甫将双方的交好比作江海合流、风云际遇，局外人觉得或有夸饰之感，但当事人却是真情流露。只要设身处地地想一想杜甫当时的困境，想一想杜甫"常拟报一饭"的淳朴品性，就不难理解他说的这番话了。

　　杜甫住在公安县时，给予他生活援助的也只有县尉颜十和卫均了，因此两首赠诗的首句都说好人难得。赠颜十的那首说"神仙中人不易得"，赠卫均的这首又说"卫侯不易得"，可见杜甫当时的生活已经十分艰难穷困了。这时他所作的《呀鹘行》，就是对自己艰难处境作出的真实写照：

> 病鹘孤飞俗眼丑，每夜江边宿衰柳。
>
> 清秋落日已侧身，过雁归鸦错回首。
>
> 紧脑雄姿迷所向，疏翮稀毛不可状。
>
> 强神非复皂雕前，俊才早在苍鹰上。
>
> 风涛飒飒寒山阴，熊罴欲蛰龙蛇深。
>
> 念尔此时有一掷，失声溅血非其心。

　　鹘是一种猛禽；呀鹘，就是张口喘息的病鹘。诗人用咏物自况的手法，写自己卧病江边，有时难骋。这只张口喘息的病鹘遭到俗眼的憎恶，以江边衰柳为宅，歪歪斜斜的身子连站都站不直，倒让那些过往的大雁和归巢的乌鸦空受了一场惊吓。它已经没有了往日的雄姿，羽毛稀疏，不可名状。即使强打精神，也不能再超越皂雕。它的英才本来应在苍鹰之上的，眼下风涛飒飒，寒山阴沉，熊罴欲蛰，龙蛇深藏，正是它搏击长空一展身手的时候，但它却病得叫不出声了。

　　以病鹘的处境比喻自己的境遇，可见杜甫当时已陷入穷途末路之中。

第十六章　老病孤舟

新松恨不高千尺，恶竹应须斩万竿。

——杜甫

（一）

杜甫一家在公安也没住多久。后来，公安也发生叛乱，杜甫一家便又于一个冬末的拂晓乘船出发了。一路上，江雾迷茫，一如杜甫凄凉的心境，他不知道自己的小船将驶向何处。

经过刘郎浦时，杜甫在这里住了一夜，天一亮又继续挂帆启程。此时北风呼啸，尘沙漫天，直到中午，天色还依然灰暗。两岸景物萧索，人迹稀少，"舟中无日不沙尘，岸上空村尽豺虎。十日北风风未回，客行岁晚非远游。"（《发刘郎浦》）

小舟在风浪中摇摇晃晃地漂流了十几天后抵达岳州（今湖南岳阳）。晚上，泊船江岸，听到邻船有人吹觱篥（一种用竹子做管、以芦做嘴的乐器），声音悲切，又触动了杜甫的羁旅愁怀，遂作诗《夜闻觱篥》：

夜闻觱篥沧江上，衰年侧耳情所向。

邻舟一听多感伤，塞曲三更欻悲壮。

积雪飞霜此夜寒，孤灯急管复风湍。

君知天地干戈满，不见江湖行路难。

夜深了，杜甫在小船上睡不着，从船窗仰望夜色中的岳阳城，但见黑魆魆一片；近处，江风吹浪，雪打桅灯。夜色凄凄，寒气逼人，却使杜甫心中升起了一股抗衡之志：

> 江国逾千里，山城近百层。
>
> 岸风翻夕浪，舟雪洒寒灯。
>
> 留滞才难尽，艰危气益增。
>
> 图南未可料，变化有鲲鹏。

——《泊岳阳城下》

诗人不甘心在困难面前退缩，面对艰危，反倒激增了斗争的志气。这种顽强的精神，就是杜甫在极端恶劣的生存环境中保持创作激情的力量源泉。

一连好几天的狂风暴雪，让杜甫一家不能上岸，只能住在阴冷的船上。后来，派出去的人终于与岳州判官郑泛联系上了，杜甫便写诗给郑泛，用开玩笑的口吻请他邀请自己饮酒，但实际上，他已经卑微得笑不出来了。

所幸的是，郑泛还是给予了杜甫礼节性的接待，邀请他们下船，并留他们一家在岳州过年。在暮冬时节，杜甫又看到了洞庭湖边人民生活的困苦，写出了他晚年时期最重要的一首杰作《岁晏行》。这首诗每四句述说人民的一种痛苦，最后用两句作一个总的结束：

> 岁云暮矣多北风，潇湘洞庭白雪中。
>
> 渔父天寒网罟冻，莫徭射雁鸣桑弓。
>
> 去年米贵阙军食，今年米贱太伤农。

高马达官厌酒肉，此辈杼柚茅茨空。

楚人重鱼不重鸟，汝休枉杀南飞鸿。

况闻处处鬻男女，割慈忍爱还租庸。

往日用钱捉私铸，今许铅铁和青铜。

刻泥为之最易得，好恶不合长相蒙。

万国城头吹画角，此曲哀怨何时终？

风雪之中，洞庭湖的渔夫们都打不到鱼，只好靠射雁以卖钱充饥。这让杜甫又想起了因今年米价太贱，赋税又太重，农民把米卖完来冲抵赋税所需，结果种田人自己反而没有米粮吃的现实。有些人不仅没饭吃，甚至因交不起赋税，只得将自己的儿女卖掉换钱去交税的。

与此同时，国家币制混乱，公私都可造钱，造币的材料也不讲究，钱币贬值，假币盛行，吃亏受累的还是这些力耕取食、无力交租的劳动者。他们的破房子里空空荡荡，虽然辛勤劳动了一年，却连生计都不能维持。而那些骑着高头大马、做大官的人，恐怕连酒肉都吃腻了呢！

长期漂泊，沉沦下层社会，杜甫的情感向平民百姓靠得更近了。对这些可耻的现实，对这个不可收拾的混乱世道，他的忧愤就如同这眼前的洞庭湖一样深广。

（二）

大历四年（769年）开春，判官郑泛陪同杜甫去观赏了岳阳城西门的岳阳楼——这座著名的建筑是开元宰相张说建造的。在楼台上，可以鸟瞰洞庭湖壮美的全景。其实杜甫早年已经去登过了，还写下过足以与洞庭湖相争胜的《登岳阳楼》：

昔闻洞庭水，今上岳阳楼。

吴楚东南坼，乾坤日夜浮。

亲朋无一字，老病有孤舟。

戎马关山北，凭轩涕泗流。

不久后，怀着对北方的思念，杜甫又从岳州乘船经过潭州到达衡州（今湖南衡阳），在水上的航行中经过许多险滩。一路上，杜甫一家漂泊无定所，四海虽大，如今却没有一个能容身的地方，为此杜甫在途中写了一首《逃难》诗：

五十白头翁，南北逃世难。

疏布缠枯骨，奔走苦不暖。

已衰病方入，四海一涂炭。

乾坤万里内，莫见容身畔。

妻孥复随我，回首共悲叹。

故国莽丘墟，邻里各分散。

归路从此迷，涕尽湘江岸。

在闷热的船篷里，杜甫想到十几年的丧乱以来，广大的人民有的死于盗寇，有的死于服役，有的死于饥寒，有的死于路途的劳苦……他将这些惨痛的亲身经历凝练在一句五言诗中——"丧乱死多门"。这五个字道尽了人民在战乱中担受的一切痛苦。

在这一段纪行诗中，杜甫一方面歌颂篙工的智慧与努力，时而说"篙工密逞巧，气若酣杯酒"，时而说"舟子废寝食，飘风争所操"，一方面也看到了江边穷苦的人民——

石间采蕨女，鬻市输官曹。

丈夫死百役，暮返空村号。

——《遭遇》

人民是这样穷困，而官府的征敛有增无减。到了一无所有时，人民呈献出来的就只有血和泪了。杜甫将这种情形又凝练成一首非常完美的寓言诗：

客从南溟来，遗我泉客珠。

珠中有隐字，欲辨不成书。

缄之箧笥久，以俟公家须。

开视化为血，哀今征敛无。

——《客从》

当杜甫乘坐的小船行至铜官渚（今长沙以北60里的湘江东岸）时，又遇到了大风，还差点翻了船。幸好杜甫事先将自家人的口粮缩减，省出一部分让船夫吃饱，"减米散同舟，路难思共济。"（《解忧》）船夫有了力气，才让行船免于覆没。

这场大风刮了两天两夜，杜甫的行船也在铜官渚停了两天两夜。第三天黎明时分，风势减弱，船夫才解缆启程，载着杜甫一家人继续南下。

不久，小船航行到潭州（今湖南长沙）。时令已到清明，杜甫便作《清明二首》，写了舟次长沙的所见所感：

其一曰：

朝来新火起新烟，湖色春光净客船。

绣羽衔花他自得，红颜骑竹我无缘。

胡童结束还难有，楚女腰肢亦可怜。

不见定王城旧处，长怀贾傅井依然。

虚沾焦举为寒食，实藉严君卖卜钱。

钟鼎山林各天性，浊醪粗饭任吾年。

诗人由清明时节所见的景事抒发感慨，抒写了自己的悲惨遭遇与高洁志向。

其二曰：

此身飘泊苦西东，右臂偏枯半耳聋。

寂寂系舟双下泪，悠悠伏枕左书空。

十年蹴鞠将怀远，万里秋千习俗同。

旅雁上云归紫塞，家人钻火用青枫。

秦城楼阁烟花里，汉主山河锦锈中。

春去春来洞庭阔，白苹愁杀白头翁。

第二首在内容上是第一首的继续和发展，着重写诗人的漂泊之感，情怀抒发则更挚切深痛而饱满。从第二首诗也可以看出，杜甫当时在除了肺病、疟疾、头风、糖尿病之外，又新添了一病——右臂瘫痪，故而只能用左手写字了。

（三）

在长沙停留数日，杜甫便继续乘船南下，奔赴衡州，打算到衡州投奔自己的旧识、如今任衡州刺史的韦之晋，希望他能在生活上给予自己一些帮助。因此在离开潭州前往衡州时，杜甫的心情较为乐观，并写了一首

《发潭州》：

> 夜醉长沙酒，晓行湘水春。
> 岸花飞送客，樯燕语留人。
> 贾傅才未有，褚公书绝伦。
> 名高前后事，回首一伤神。

花送客，燕留人，诗人暗写了长沙人情淡薄，因此对衡州之行寄予了很大的希望。离开长沙后，杜甫继续溯湘江南进，途径凿石浦、津口、空灵岸、花石戍、晚洲等地，皆有诗词写景记感。其中的一首《宿花石戍》除写当地景物、气候外，还记录了田园的荒废：

> 罢人不在村，野圃泉自注。
> 柴扉虽芜没，农器尚牢固。
> 山东残逆气，吴楚守王度。
> 谁能叩君门，下令减征赋？

被横征暴敛搞得疲惫不堪的农民纷纷逃亡，致使村无一人，柴门都被荒草淹没了，田园里泉水自流，庭院中农器闲置。杜甫原本以为，中原地区久被叛军洗劫，田园一时难以恢复尚可理解，但这吴楚之地是未经过战乱的，竟然也如此凋敝。因而诗人愤切呼吁：有谁能到朝廷去为民请命，让皇上下令减轻征税啊？杜甫的这几笔实录，具有很深的认识价值，可补史书之缺。

继续往南走，就接近南岳衡山了。衡山位于衡州北部约百里，地处湘江西面，与湘江的最近距离约为50里。杜甫坐着船，可以清晰地观赏到它的风貌，遂作《望岳》一诗：

南岳配朱鸟,秩礼自百王。

欻吸领地灵,鸿洞半炎方。

邦家用祀典,在德非馨香。

巡守何寂寥,有虞今则亡。

泊吾隘世网,行迈越潇湘。

渴日绝壁出,漾舟清光旁。

祝融五峰尊,峰峰次低昂。

紫盖独不朝,争长崇相望。

恭闻魏夫人,群仙夹翱翔。

有时五峰气,散风如飞霜。

牵迫限修途,未暇杖崇冈。

归来觊命驾,沐浴休玉堂。

三叹问府主,曷以赞我皇。

牲璧感衰俗,神其思降祥。

　　结尾处,面对当时国家久乱不治的现象,诗人三叹而问衡岳之神:你用什么来赞助唐皇呢?此地众生沿袭旧俗祭拜你,你若有灵,就应该考虑降吉祥于世间啊!

　　杜甫一生共写过三首《望岳》,这三首诗也清晰地记录了他的思想历程。第一首是望泰山,"会当凌绝顶,一览众山小。"诗中是无神的;第二首是望华山,"稍待秋风凉冷后,高寻白帝问真源。"仕途不顺,诗人要向神讨教讨教;这一首是对衡岳神提出质疑,何以久享牲璧而不降福于人?由无神到问神,再到疑神,标志着杜甫由青年时期的浪漫、到中年时期的困惑、再到晚年时期的清醒这三步历程。

　　令杜甫没想到的是,当他兴致勃勃地抵达衡州时,才知韦之晋已在3

月间改任潭州刺史了。杜甫刚一下船，就不得不与他所投奔的人告别。更令杜甫意外的是，韦之晋刚到潭州不久就病死了。杜甫闻讯，惊愕而悲哀，作诗哭悼，回忆二人早年的亲密友谊，历数韦氏的政绩，而后痛心地说：

> 童孺交游尽，喧卑俗事牵。
> 老来多涕泪，情在强诗篇。

——《哭韦大人之晋》

杜甫此番南下就是投奔韦之晋而来的，如今失去依靠，其心情可想而知。在衡州无依无靠，杜甫无奈，只好在这年夏天又离开衡州，复归潭州。

→ **安史之乱爆发后，杜甫流亡颠沛，欲投奔肃宗，竟被叛军俘获，后机智地逃离长安，来到肃宗皇帝所在地凤翔。"麻鞋见天子，衣袖露两肘。"杜甫的忠诚感动了皇上，因此被授予左拾遗之职。然而，杜甫在权力中心仅仅待了不到两年，便因言事触怒皇上，被放还探亲。**

第十七章　凤落沅湘

千秋万岁名，寂寞身后事。

——杜甫

（一）

返回潭州的杜甫居无定所，有段时间一家人只能住在船上。后来因病情加重，杜甫不便继续在船上居住，才移居到长沙城里一处临江的楼上。长沙的夏天十分炎热，住在临江的楼上便于乘凉。

由于没有生活来源，也很少得到他人的援助，杜甫有时不得不在渔市上摆摊卖药，靠着微薄的收入来维持一家十几口人的生活。

这时，杜甫有幸遇到了对他有些照顾，而自己一向又比较佩服的裴虬。裴虬是路经此地去任道州（湖南道州）刺史的。在此地，潭州百官为他举行了送别宴会，排场十分宏大。而杜甫也收到了邀请，这让他感慨万端，涕泪涟涟，向裴虬尽述交游殆尽之悲，又殷勤嘱咐裴虬到任后，能像以前任道州刺史的元结一样，了解同情民间疾苦，裁兵安民，恢复农业生产。

到了初秋时节，也许因为潭州是个土地膏腴、风景秀美的地方，让杜甫有些留恋吧，他还在此地停留。在这期间，杜甫还遇见了韦迢、苏涣等人。

韦迢新任韶州（今广东韶关西南）刺史，赴任途中经过潭州。早年他曾与杜甫同舍读书，因而此次特来看望杜甫，并与他把臂交谈，还赠诗与杜甫，称他是"大名诗独步"，而自己却有些失意感。杜甫也向韦迢表达了自己的留恋之情。后来，两人还有过诗歌赠答。

苏涣是应湖南观察使之召前来潭州担任从事官的。这个人极富传奇色彩，少年时经常剽盗，擅长白色弩弓，巴蜀一带的商人都很惧怕他。但后来他折节读书，几年内竟然进士及第，累迁侍御史。

苏涣也是个诗人，曾作《变律》19首，长于讽刺，人以为有陈子昂的一鳞半爪。他一直都很仰慕杜甫，因而得知杜甫也在潭州后，马上就来拜访。他们一起饮酒谈诗，彼此相慕。杜甫请苏涣朗诵新诗，一听之下，便为他的热情叫好。

后来，杜甫接到裴虬从道州寄来的手札，还将作为从事的苏涣与作为刺史的裴虬相提并论，希望他们能为天下大治而奋不顾身："致君尧舜付公等，早据要路思捐躯。"而自己只能"此生已愧须人扶"，要依靠别人的帮助度过余生了。然而，苏涣后来因反叛朝廷被诛杀了，这倒是杜甫没有料到的。

此时，体衰病重的杜甫一方面有难以自救、终老湘潭的忧虑，一方面又始终不改对故乡和朝廷的思念。但他不仅不能济世，还自身难保，这真是最让他感到悲哀的。他有时搔首眺望，有时低回沉思，始终找不到出路。

等到秋风送爽时，杜甫的身体稍微好了一些，于是又产生了北归的打算，甚至壮心再起，准备去做那虽然不能长途奔走，但却有智慧可供的老马：

> 江汉思归客，乾坤一腐儒。
> 片云天共远，永夜月同孤。
> 落日心犹壮，秋风病欲苏。
> 古来存老马，不必取长途。

——《江汉》

作为一个知识分子，一个儒生，在战乱年代为世所弃，令诗人显得有些迂腐无能。尽管这样，他依然不能不像一片漂泊的白云一样无所归依。然而，他就像那落日一样，仍然有照亮人间的雄心；他就像一匹老马，仍然想把自己的一份智慧贡献给当政者。这是杜甫"烈士暮年，壮心不已"的表现。现在看来，这一雄心顽强得令人叹息、令人崇敬。

到了晚秋季节，杜甫的北归心愿还未能实现，他只得默默地认命了，并且还自我安慰说"湖南冬不雪，吾病得淹留"。在"淹留"的时间里，只要一有机会，他就想同一些老友谈论时事，提出一些政治建议，内容大抵都是希望天子勤政、大臣忧国，希望地方官重视农耕、关心民瘼，希望国家不要添兵自害。这些，都是杜甫作为一个忧国忧民的"腐儒"应对时局的方略。

秋冬之际，北风劲吹，洞庭湖边已经很冷了。面对"十年杀气盛，六合人烟稀"的茫茫天地，杜甫情不自禁地问自己"鸿雁将安归"。

对杜甫来说，辗转依人的日子真不好过，到处都是穷途末路，前景已经很荒芜了。无奈之中，他只好在痛苦中向往神仙世界，为自己营造出片刻无瑕的仙境：

> 洪涛隐笑语，鼓枻蓬莱池。
> 崔嵬扶桑日，照耀珊瑚枝。
> 风帆倚翠盖，暮把东皇衣。
>
> ——《幽人》

诗中描写的境况是：洪涛之中隐隐传来仙人的笑语，他们正在蓬莱仙池上划桨游乐。高高的扶桑神树上，明亮的太阳将海中的珊瑚枝照耀得美丽无比。他们的船上风帆高举，翠盖亭亭，日暮时还能得到东皇太一这位天地至尊神的衣服——不像凡人，日落后就无计可施，进入黑暗之中了。

然而这毕竟是诗人自己想象出来的仙人世界，他虽然向往，却也只能望之兴叹。

不久，湖南就下了大雪，厚厚的雪花压在他所居住的船篷上。杜甫虽然还有一点酒用来御寒，但无人共饮又显得寂寞至极，更何况钱袋中的钱马上就要用光了。他觉得自己就像那"终日忍饥西复东""天寒岁暮波涛中"的水鸟一样，凄然无助。

此后，杜甫真的在水上——他已经从临江的阁楼搬回到船上——度过了他生命中最后一年的时光。

（二）

大历五年（770年）正月，59岁的杜甫偶然在翻检书卷时，发现了10年前高适任蜀州刺史时寄给他的诗歌《人日寄杜二拾遗》，不禁感慨万千。如今，他的朋友纷纷下世，连比他年轻的岑参也与去年冬天客死于成都。现在，就只剩下远在他乡的汉中王李瑀和敬超先两位老朋友了。故友凋零，自身多病，白手江湖，不知所终，杜甫忍不住写下了《追酬故高蜀州人日见寄》一诗，既追悼故友，也哀悼自己，并且以残生余力发出了这样的壮歌：

> 遥拱北辰缠寇盗，欲倾东海洗乾坤！

在这种困境之下，诗人依然挂念着祖国的安危，对北方的盗寇仍痛心疾首，恨不得马上洗出一个朗朗乾坤来，可见其爱国情怀之深。

这年春天，杜甫的一个王姓表侄从朝廷赴岭南节度观察使幕府任职，在潭州与杜甫相会。表侄的到来，勾起了杜甫对天宝十五年安史之乱爆发后，他们全家与这位表侄一起从白水逃难的回忆。当年，正是这位表侄救了杜甫的命。如今异乡重逢，杜甫依然对这位表侄感激不已，说自己能"苟活到今日"，全亏了表侄的仗义相助。

春天的到来，让杜甫的思乡之情更加浓烈了，但他也知道，自己已经无力返乡了，这让他感到更加难过。每每看到燕子在春社日飞到他的船桅上，他就觉得那是故乡的燕子来探望他了。燕子筑巢不定，仿佛人的漂泊，杜甫可怜南来北往没有家园的燕子，更因此感伤于自己的异乡飘零。

不久，杜甫在长沙又见到了自己少年时经常在洛阳相见的李龟年。李龟年曾是玄宗时代最为著名的音乐家之一，也是玄宗的教坊乐师，杜甫少年时曾在岐王李范、秘书监崔涤家中多次听到他的歌声。安史之乱后，李龟年流落天涯，大历五年春末来到长沙。杜甫见到这位艺术家潦倒落魄的样子，又是一番感慨唏嘘，遂作《江南逢李龟年》一诗曰：

岐王宅里寻常见，崔九堂前几度闻。

正是江南好风景，落花时节又逢君。

"江南好风景"与彼此沦落的身世构成了强烈的反差，"落花时节"与衰败的国势相互映衬，短纸片言中寄予了浓重的今昔之感，可视为唐代几十年间由盛转衰的缩影，也是杜甫一生忧国心事的集中体现。

这一年的清明节刚过，潭州城内忽然爆发内乱。4月上旬的一天夜里，长沙城内突然大火冲天，人声喧闹。湖南兵马使臧玠以缺少军粮为借口，唆使士兵杀了湖南观察使崔瓘，占据了长沙城。

由于发生在夜里，杜甫一家正在梦乡之中，结果被这突发事件搞得晕头转向。一家人赶紧起身，随着逃难的人流向城外奔逃，"中夜混黎氓，脱身亦奔窜。"（《舟中苦热遣怀》）乱兵打家劫舍，杀人纵火，杜甫失魂落魄地躲避着不时飞来的流箭，穿过豺狼一般的叛军队伍，拼命地东躲

143

西藏。全家人也都跟随杜甫一同逃难。

在这件事上，杜甫同情的是明于安邦而昧于治军的观察使崔瓘。但面对潭州城内火光冲天、杀气弥漫的景象，保住性命显然比分清是非更重要。

因此，杜甫带着一家人匆忙逃出城门，直奔江边，急急忙忙上了船，驶离潭州，逆着江水向衡州方向逃去。

平静之后，杜甫突然对自己的无力讨贼感到惭愧，他还悔恨自己没在关键时刻挺身而出，以身报主。但他不知道，如果他当时真的以身报主了，也不过是以卵击石，做无谓的牺牲罢了。

（三）

杜甫一家一路上不敢停歇，直到小船抵达衡州后，大家才稍事喘息。衡州刺史阳济闻讯后，接待了杜甫，并设置酒宴为他压惊。

惊魂稍定的杜甫开始回顾自己一生的多次逃难经历：天宝十五年，他携带家眷逃安史之难；宝应元年，他又携带家眷逃成都徐知道之难；如今是第三次逃难，比之前的两次更加凶险。于是，杜甫作《逃难》一诗，抒发自己的悲慨之情：

> 五十白头翁，南北逃世难。
>
> 疏布缠枯骨，奔走苦不暖。
>
> 已衰病方入，四海一涂炭。
>
> 乾坤万里内，莫见容身畔。
>
> 妻孥复随我，回首共悲叹。
>
> 故国莽丘墟，邻里各分散。
>
> 归路从此迷，涕尽湘江岸。

诗中所说的"五十"是举成数，举成数是便于入诗。"乾坤万里内，莫见容身畔"是倾诉自己一生逃难的感慨。天地之大，竟然找不到一个容身的角落。异乡逃难，自然会思念故乡，可故乡已是荒僻的丘墟，也是无法回归的。"归路从此迷，涕尽湘江岸"中的"涕尽"固然是说悲情之重，但也似乎含有自料会死于此地的意思。这年冬天，杜甫果然死在湘江岸边，一生苦泪终于流尽。

杜甫在衡州暂住期间，刺史阳济便筹划前往长沙讨伐臧玠。此时，广州刺史李勉、道州刺史裴虬、澧州刺史杨子琳三路人马已奉朝廷命发兵讨伐臧玠了。杜甫闻讯后十分高兴，赠诗力劝阳济出兵，说崔瓘可谓当代贤良，他被杀害实在令人愤慨，这股叛乱的逆流必须斩断，因此希望阳济当机立断，联合三路人马去扫平逆贼。

令杜甫没想到的是，澧州刺史杨子琳接受了臧玠的贿赂，引兵退还，并向朝廷上书，为臧玠洗刷罪责。关于臧玠叛乱的最终结果，由于史书记载不详，我们不得而知。只是靠着杜甫的这些诗作，我们才得以了解一二。

不久，杜甫又接到了正在郴州任录事参军的舅父崔伟从郴州寄来的邀请信，邀请他们一家到郴州去。于是，身体衰弱多病的杜甫又携带家人离开衡阳，乘船向郴州行进。

杜甫溯着郴水进入耒阳县内，结果不幸遇到大风天气。在船上，杜甫穿着厚衣服还是觉得冷气逼人。不久又遇到江水暴涨，一家人被大洪水困在耒阳县的方天驿，五天之内，断粮断食，除了一片白茫茫的大水之外，几乎什么也没有。

耒阳县令聂某得到这个消息后，立即写信问候杜甫，并派人给杜甫带去了丰富的酒肉，这才救了杜甫一家的生命。对此，杜甫万分感激，曾写下一首诗呈给聂县令。

然而江水始终不退，杜甫无法前进，不能当面将这首诗交给聂县令，只好调转船头，准备返回衡州。好不容易等到水落后，聂县令又派人寻找杜甫，却再也找不到杜甫的踪迹了，聂县令以为杜甫一定是在水涨时被水淹死了。

为纪念这位诗人，聂县令在耒阳县北不远的地方为杜甫修建了一座空坟。也因为这座空坟，产生了一个传说：杜甫饿了许多天，在得到聂县令送来的酒肉后，开怀痛饮一通，结果当晚就死去了。

这个传说在唐代中叶以后便流传很广，与李白醉后水中探月而死的故事是同样荒诞无稽。

事实上，杜甫被洪水阻拦后，不能南下郴州，只好改变计划，想北上汉阳，准备沿着汉水回到长安去。

杜甫先是抵达衡州，在衡州又寓居数日，结果深为暑期炎热所苦，"衡岳江湖大，蒸池疫疠偏"。想到祖籍襄阳的天气凉爽，杜甫便决定去那里结茅而居，抱瓮灌园，以养终老。

这年6月，臧玠之乱被平息，长沙局面稳定，北归之路无阻，杜甫便离开衡阳，乘船北去，"篙师烦尔送，朱夏及寒泉。"（《回棹》）真是归心似箭。

（四）

当载着杜甫及其家人的小船行至长沙时，又不得不停下了，因为杜甫已经没有足够的旅费，贫穷与疾病已令他无力走出湘江了。从秋到冬，他的小船只能在湘江上漂浮。

这时，当年同杜甫寓居在同谷县的"山中儒生旧相识"的李衔路过长沙。二人异地重逢，屈指算来已经过了12年，不禁慨叹连连。李衔因有事不能久留，杜甫便作《长沙送李十一衔》送给他，以道别情：

与子避地西康州，洞庭相逢十二秋。

远愧尚方曾赐履，竟非吾土倦登楼。

久存胶漆应难并，一辱泥涂遂晚收。

李杜齐名真忝窃，朔云寒菊倍离忧。

初冬后，杜甫的小船仍然停泊在湘江上，他也不断在为筹集路费而大伤脑筋。杜甫曾向湖南幕府的群公求助，写诗曰：

水阔苍梧野，天高白帝秋。

途穷那免哭？身老不禁愁。

大府才能会，诸公德业优。

北归冲雨雪，谁悯敝貂裘？

——《暮秋将归秦，留别湖南幕府亲友》

杜甫很可怜，他是在向湖南幕府的诸公求助，因此说的都是他们爱听的话，同时也诉说了自己的身老及旅途的艰苦。要知道，杜甫是个很要强的人，去年他还说过"舌存耻作穷途哭"（《暮秋枉裴道州手札》）这样的硬气话，如果不是此时身体不妙而不愿客死他乡，他是不会这样哀求的。

冬天的脚步越来越近了，北风掠过湘江水面，奏起悲凉的音响。杜甫躺在船里，感到身心俱疲。由于长期的水上生活，杜甫的风痹病又加重了，每天只能倒卧在船中，等待资助。

最后，杜甫决定不再等候资助了，遂让船夫解缆北行。他希望能够走出湘江，最好能够回到故乡。孤舟迎着凛冽的北风，慢慢行驶在空旷的江面上。连日风寒，杜甫的病情日渐加重，他感到自己的生命即将终结，有些话还没有讲完，于是伏在枕上，写下了一首三十六韵的长诗《风疾舟中伏枕书怀，奉承湖南亲友》，这也是杜甫的最后一篇作品。全诗曰：

> 轩辕休制律，虞舜罢弹琴。尚错雄鸣管，犹伤半死心。
>
> 圣贤名古邈，羁旅病年侵。舟泊常依震，湖平早见参。
>
> 如闻马融笛，若倚仲宣襟。故国悲寒望，群云惨岁阴。
>
> 水乡霾白屋，枫岸叠青岑。郁郁冬炎瘴，蒙蒙雨滞淫。
>
> 鼓迎非祭鬼，弹落似鸮禽。兴尽才无闷，愁来遽不禁。
>
> 生涯相汨没，时物自萧森。疑惑樽中弩，淹留冠上簪。
>
> 牵裾惊魏帝，投阁为刘歆。狂走终奚适？微才谢所钦。
>
> 吾安藜不糁，汝贵玉为琛。乌几重重缚，鹑衣寸寸针。
>
> 哀伤同庾信，述作异陈琳。十暑岷山葛，三霜楚户砧。
>
> 叨陪锦帐座，久放白头吟。反朴时难遇，忘机陆易沉。
>
> 应过数粒食，得近四知金。春草封归恨，源花费独寻。
>
> 转蓬忧悄悄，行药病涔涔。瘗夭追潘岳，持危觅邓林。
>
> 蹉跎翻学步，感激在知音。却假苏张舌，高夸周宋镡。
>
> 纳流迷浩汗，峻址得欹嵚。城府开清旭，松筠起碧浔。
>
> 披颜争倩倩，逸足竞骎骎。朗鉴存愚直，皇天实照临。
>
> 公孙仍恃险，侯景未生擒。书信中原阔，干戈北斗深。
>
> 畏人千里井，问俗九州箴。战血流依旧，军声动至今。
>
> 葛洪尸定解，许靖力难任。家事丹砂诀，无成涕作霖。

在这首诗中，杜甫以沉痛的心情回顾了早年在朝廷任左拾遗时，因救房琯而触怒唐肃宗这一生活史上的大事。以此为起点，追述了自己获罪贬官及长期漂泊的苦难历程，重点叙述了进入湖南以后的困苦生活。

但是，在这生命垂危之际，杜甫依然没有忘记国家的灾难和民生的凄惨。如今，中原的书信长久断绝，长安仍然处于吐蕃的威胁之中，因此诗人痛苦地长叹："战血流依旧，军声动至今。"

吐完心事后，杜甫又用含着眼泪的双眼望着船外萧索的山河，默默地告别多灾多难的国家和人民。

这首诗写完不久，杜甫便在湘江的小舟中停止了心跳。这一年是770年冬天，杜甫59岁。

杜甫病逝后，家人无力安葬他，只好将他的灵柩停放在岳阳。43年后，即813年（元和八年），他的孙子杜嗣业经过很大的努力，才从岳阳将杜甫的遗骸运到偃师，葬于首阳山下杜预墓的附近，杜审言墓的旁边。

当杜嗣业在搬移祖父的灵柩时，路过荆州，遇见了诗人元稹。元稹为杜甫写了一篇墓志铭，并称自有诗人一来，从未有过像杜甫这样伟大的。

759年暮冬，杜甫因避安史之乱而流亡到成都。次年春，在友人的帮助下，杜甫在风景秀丽的浣花溪畔盖起了一座茅屋，这便是他日后诗中提到的"万里桥西宅，百花潭北庄"的成都"杜甫草堂"。在这里，杜甫先后住了将近4年，与家人一起种菜种药，养鸡养鸭，怡然自得。在这里，杜甫也写下了许多歌咏村居生活和大自然风光的作品，如《春夜喜雨》《蜀相》等名篇，而其中的《茅屋为秋风所破歌》更是千古绝唱。

杜甫生平大事年表

712年正月初一　杜甫生于河南巩县瑶湾村。

715年　寄养在洛阳姑母家中，得重病几乎死去。

717年　寄居河南郾城，得以观看公孙大娘舞《剑器浑脱》。

718年　开始学习作诗，曾咏凤凰。

公元720年　能书大字。

725年　在洛阳与崔尚、魏启心等交游。在岐王李范、秘书监崔涤的家中听李龟年唱歌。

730年　游晋，不久返回洛阳。

731年　开始漫游吴越，历时4年。

735年　从吴越返回洛阳，赴京兆贡举，不第。

736年　开始漫游齐越，到兖州看望父亲。与苏源明结交。

739年　继续漫游齐越，于汶上遇见高适。

741年　自齐赵返回洛阳，在偃师首阳山下建陆浑山庄。作文祭远祖杜预。与司农少卿杨怡之女结婚。

744年　在洛阳遇到李白，秋天与李白同往王屋山访华盖君，因华盖君已死，又返回梁园，遇到高适，与高适同游梁宋。

745年　再游齐赵，与李白重逢于鲁郡，作《赠李白》诗。秋末与李白告别，返回洛阳。

746年　到长安，与王维、郑虔等同游。

747年　在长安应诏就试，不第。作《春日忆李白》等诗。

748年　回到偃师陆浑山庄，作《奉寄河南韦尹丈人》。

749年　在洛阳，作《冬日洛城谒玄元皇帝庙》。

750年　再到长安，生计渐渐陷入困境。秋天，以《雕赋》投延恩柜。冬天时，作《奉赠韦左丞丈二十二韵》。

751年　在长安，为玄宗皇帝献上《三大礼赋》，玄宗称奇。作《兵车行》。

752年　在长安，秋季与高适、岑参等同登慈恩寺塔，作《同诸公登慈恩寺塔》。

753年　在长安，作《丽人行》。

755年　从长安前往奉先省亲，后返回长安，被任为河西尉，不就，后改任右卫率府兵曹参军。作《自京赴奉先县咏怀五百字》。

756年　从奉先返回长安，就任右卫率府兵曹参军。4月，赶赴奉先，携全家至白水投奔舅舅崔氏。6月，携家避乱至鄜州羌村。8月，闻肃宗即位于灵武，只身赶赴灵武投奔，结果中途为叛军所获，送至长安。作《哀王孙》《悲陈陶》《月夜》等诗。

757年　春季时在长安，作《哀江头》《春望》。4月，逃至凤翔，拜谒肃宗。5月，被授予左拾遗。后因进谏救房琯惹怒肃宗，诏三司推问，幸得宰相张镐相救。

758年　被贬为华州司功参军，往华州赴任。冬季返回洛阳。

759年　自洛阳返回华州，作"三吏""三别"。7月，弃官，携家人前往秦州。12月，赶往成都，并于岁末到达成都。

760年　在成都浣花溪边建立草堂。秋季，前往新津与裴迪相会，又前往彭州会见高适，不久返回成都。作《蜀相》《江村》等诗。

761年　作《春夜喜雨》《茅屋为秋风所破歌》等诗。冬季，高适代任成都尹，拜访杜甫。冬末，严武为成都尹，时访杜甫。

762年　送严武入朝至绵州，遭遇徐知道谋反，逃往梓州。秋末，接家属至梓州。

763年　春季时寓居梓州，作《闻官军收河南河北》。8月，前往阆州吊唁房琯。12月，返回梓州。作《冬狩行》。

764年　携家前往阆州。作《伤春五首》《忆昔二首》等诗。3月，严武再次入蜀，来信相邀，乃携家属返回成都。被严武推荐为节度使参谋、检校工部员外郎。

765年　辞去严武幕职。5月，携家人东下，经嘉州、戎州、渝州、忠州而至云安。

766年　春居云安，夏初移居夔州。作《咏怀古迹五首》《秋兴八首》《壮游》等诗。

767年　在夔州，曾数度移居。作《登高》《公孙大娘弟子舞剑器行》等诗。

768年　出峡东下，至江陵。秋季时移居公安。冬末至岳州。作《登岳阳楼》《岁晏行》等诗。

769年　正月时离开岳州，沿湘江南下。3月，至潭州，又至衡州。夏季时返回潭州。结识韦迢、苏涣等人。

770年　春季时仍泊州潭州，作《江南逢李龟年》。4月，避乱前往衡州，又欲前往郴州投奔舅舅崔氏，结果被洪水困于耒阳，复返潭州。冬季，自潭州赴岳州，作绝笔诗《风疾舟中伏枕书怀三十六韵，奉呈湖南亲友》，不久卒于舟中。